本かも
わからん

おらふくん

KADOKAWA

はじめに

みなさん、こんにちは‼　ドズル社でゲーム実況や動画投稿をしているおらふくんと申します。僕が所属しているドズル社とは、「好きを仕事に。人生というゲームをもっと楽しく」をモットーに、ゲーム実況動画などを投稿しています。その活動が、書籍という形でみなさんにお届けできるなんて、思ってもいませんでした。

……そう、本当に思っていなかった。なぜなら、僕は子どもの頃からものすごく人見知りだったから。幼稚園の発表会では、恥ずかしくて先生の後ろに隠れて号泣。小学校では、国語の音読や人前で発表するときには分かりやすく声が震える。良い言い方をするなら、通常の会話にビブラートが付きっぱなしってことです。

そんな僕が、ある日突然人見知りを克服できるわけもなく、ゲーム実況を始めたときは1時間の配信でたったの二言しか話さずに終了しました。配信が終わった後、「これからどうすればいいんだ」と頭を抱え、「僕は配信者に向いていないんだ」と自分を責めました。それ以降も、話そうと思っていたことが頭から抜け落ちて、頭の中が真っ白になり突然黙り込んでしまったことも何度かあります。

チャンネル登録者数が50万人を超えた今でも、僕の人見知りは直りません。昔と比べればマシに感じられる部分はあるけど、根底にあるものは子どもの頃から変わらないんだと思います。きっと人見知りにはハードルの高い分野なのでしょう。

だけど僕は今、最高の青春を過ごしていると胸を張って言えます。そう言えるのはドズル社のメンバーやスタッフ、育ててくれた両親、動画を見てくれているみなさん、そして、この文章を読んでくれているあなたのおかげです。

本書では、配信で語ってこなかったちょっとディープな話や、生活の裏側、ストレスとの向き合い方、そして思い描いている未来について僕なりに感じてきたことをまとめていきます。

僕はきっとこれからも人見知り。

それでも、見てくれているすべての人に僕の配信を届けたい。

これが実況者の日常です

2 麦色ゆきだるま

3 わからん日々の中で

4 メランコリーな日には

5

ルートセレクト

6

ログインして始まる日々

CHAPTER.1

HON KAMO WAKARAN

これが実況者の日常です

ミュージシャンになる美容室

CHAPTER．1，2では主に実況者の生活についてお伝えしよう。これは大阪の実家で暮らしていた時の話。当時、僕には行きつけの美容室があった。人見知りなので同じ美容室にいきがちなのだ。

ある日美容師さんに何気なく振られた問いかけに、つい嘘をついてしまった。

「そういえば、お客さんって何をされている方なんですか？」

「じ、実はミュージシャンなんです。曲をつくったり作詞したり……」

急な質問に挙動不審を発揮。なんでそんなことを口走ったのかは分からない。ただ瞬間的に、話しても詳しく聞かれなそうな職業を選んだだけだった。しかし、鏡の中に映る美容師さんは目を輝かせて、衝撃の言葉を口にする。

「そうなんですね！　実は僕も昔似たようなことをやっていて、曲を書き下ろしたりしてたんですよ」

ウソだろ、おい。1分前にミュージシャンと言った自分をぶん殴りたくなった。美容師さんは、その後も最近流行っているミックス用のソフトや、専門的なことを熱心に教えてくれる。ペラペラ会話を繰り広げる美容師さんと押し黙る僕。出来るのは精一杯の愛想笑いだけ。シャンプーと整髪料の匂いが充満した美容室で気まずい空気が生まれてゆく。

こんなことがあったんだから、次からは違う美容室に行けばいいと思うだろう。でも、悲しいことに今まで行ったどの美容室よりも、納得のいくカットだったのだ。たったひとつの嘘から逃げるために、このヘアスタイルを失うわけにはいかない。それならば、いっそ嘘をつき通してしまえ！

そんな覚悟を決めて、上京するまでずっとその美容室にお世話になっていた。「今日の仕事はどんな感じでしたか？」と聞かれれば、「き、今日はポップな曲に苦戦していて」と答え、「これからどこかにおでかけですか？」と聞かれれば、「社長とご飯を食べに行きます……」と返事をした。ちなみに、この時説明した社長とは、ドズルさん（ドズル社の社長※CHAPTER．5で詳しく話します！）のことなのでギリギリ嘘ではない。

そして、東京での暮らしが決まり、その美容室を訪れるのも最後になった。その日のことはよく覚えている。いつもの雑談から話は流れ、上京することを伝えるタイミングがやってきた。

「実は……僕、社長に呼んでいただいて東京で活動することになったんです」
「ついにメジャーデビューですか！　売れっ子になってくれて嬉しいですよ～」

満面の笑みを僕に向ける美容師さん。……うっ、眩しすぎる。しかし、考え方を変えればこの会話は嘘じゃない。

この時には登録者数もかなり増えていたし、活動の拠点を移すために東京に行くのだから、メジャーデビューと言っても差し支えない……かも。売れっ子になったかどうかは分からないけど、以前より知名度が上がったというのを売れっ子と捉える人もいる……かも。

僕は、それから美容室に行って職業をミュージシャンと騙ることはなくなった。現在は、嘘にならないよう「ＰＣ関係の仕事をしています」と話すことにしている。もし、「具体的にはどんなお仕事をしているんですか？」と聞かれても、「情報漏洩になってしまうので、詳しくは話せないんですよ～」と答えれば、それ以上深くはツッコまれない。

僕は、ギリギリ話せる内容、嘘ではないけど本当でもない話、人に踏み込まれないような話し方を考えられるようになった。もしかしたら、これが大人になるということなのかもしれない。

一人暮らしの罠

先にも述べたが、僕は上京する前は大阪に住んでいた。実家生活が長かったので、初めての一人暮らしは苦労の連続だった。その中で一番大変だったのは、何と言っても家具を組み立てること。僕は、この〝組み立てる〟という作業がすごく苦手なのだ。特に困ったことのない人は、説明書を見て順番どおり組み立てればいいだけ、と思うのかもしれない。だけど、見たとおりに組み立てられないから困ってるんだよ！と声を大にして言いたい。家に置くはずだったイスも、完成したと思ったら座る面が下向きにくっついているし、自立すらできない。どうやら、ネジ用ではないところに穴を開けてしまったようで、まったく使い物にならなかった。イスひとつ満足に組み立てられないので、最近は組みあがっている状態で届けてくれるものを選ぶようにしている。

次に食事。自炊をすると経済的だと思っている人は多いかもしれない。だけど、一人暮らしをしてみると、そんなことはないと分かる。例えば、メインの一品を作るときも、ひとり分を作るのは難しく、3人前を作って残ったら冷凍して……というのを繰り返さないと消費できない。もう少しで食べられるなという量なら、無理をして食べることもあって、そうなってくると経済的とは？と考えてしまう。

何日も同じおかずを食べるのは飽きてしまうし、経済的というわけでもない。それなら、多少お金はかかるけどバランスのいい料理を提供してくれるところに頼ってしまおうと考えた。その結果行きついたのが食事の宅配サービスだ。

頼んでみると、これがすごくいい。レンジでチンするだけで健康的な食事が手に入るのは、不規則な生活を送っている配信者にはぴったり！　しかも、自炊していると、ご飯を食べたいと思ってからできあがるまでに1時間以上かかってしまうが、これならご飯を作る時間を逆算しなくていい。

忙しいときにはつい「ご飯はいっか……」となってしまいがちだけど、食べたいと思ったときに食べられるので、ご飯を食べるという習慣を保てる。最高だ！

昔から変わらない好み

一人暮らしの食事生活を書いたので、実家の時の食事についても書いてみる。

僕は、小さい頃からおでんが苦手だ。大根が食べられないとか、たまごが嫌だとか、そういう細かい話ではない。おでんの出汁そのものが苦手なのだ。だけど、僕以外の家族は、おでんがけっこう好きなのでいつだって多数決に負ける。悔しい。

小学5年生のときには、「今日はおでんだよ」と聞いてふてくされたことがある。食べたくないし、残したら怒られるし……どっちも嫌だ。お腹は空いていたけど、僕はふて寝をしてなんとか食欲をごまかした。そのくらい苦手なのだ。

大阪出身、というのは配信でも言っている。大阪の食べ物といえばみんなはなにを思い出すだろうか。僕の予想だと、お好み焼きとかたこ焼き。大阪の人なら苦手な人はいないだろうと思われるくらいのソウルフードだが、僕はこの食べ物が……嫌いです。たこ焼きは塩味か醤油味なら美味しく食べられるので、原因はたぶんソースだろう。いや、とんかつはソースで食べるから違うのか？　なんだか自分でもよく分からない。

好きなものも、実は昔から変わらない。まずは、母の作ってくれるだし巻き卵。今でも実家に帰ると作ってもらうくらい大好物。外食してもだし巻き卵を注文することはないから、母が作ってくれるものが特別好きなんだと思う。

つぎは、かずのこ。12月からお店に並びはじめるので毎年楽しみにしている。だいたい、1シーズンにかけるかずのこ費は2万円前後。……だいぶ奮発している。手に入ったら、家族で山分けして食べるのが、恒例行事となっている。

大人になると味覚が変わるという話を聞いたことがある。だけど、まだ僕の味覚は子どもの頃のままみたいだ。

元気をもらえる喫茶店

上京後。休みの日には、近所を散歩しながら食べ歩きをするようになった。チェーン店はどこにでもあるから飽きてしまって、最近は個人経営の喫茶店を新規開拓するのにハマっている。きっかけは、ふらっと入った喫茶店のおばちゃんが気さくに声をかけてくれたことだった。初めて入った店なのに、なんだか馴染みの場所に帰ってきたかのような接し方をしてくれるのだ。

「いらっしゃい、何食べる？」

飲食店の接客というよりは、親戚のおばちゃんに話しかけられた時のようで、僕はすごくあったかい気持ちになった。喫茶店に置いてあるテレビから流れてくるニュースや、バラエティー番組を見ていると、いつもは触れないものに触れている感じがする。

いつも家の中で撮影したり、打ち合わせをしたりしている日常の裏には、こんな時間も流れているんだなって思うと、なんだか不思議だ。

食べ終わって、会計しようとレジに向かう。おつりが自分の手に渡されたとき、ふと懐かしい感じがした。最近は欲しいものをネットですぐに買えるし、その時にはたいていクレジット決済だ。コンビニに行っても電子マネーでワンタッチ。さらには、最近ではレジの自動化が増えて人と触れ合うことがない。

それは、便利で衛生的で世の中の流れとしても広がるのが当然なんだろう。でも、心のどこかではこの気持ちを忘れたくないなって思っている。

「今日は来てくれてありがとね〜」

喫茶店のおばちゃんは、そう言って僕を見送ってくれた。

レンジでチンする食事は便利だけど、たまには外で食事するのもいい。

物欲の芽生え

僕は、今までゲームや配信に関係のあるもの以外に、ほとんどお金をかけてこなかった。それは、単純に物欲がなかったというだけで、ミニマルな生活に憧れていたわけでもない。ある日、友だちが僕の財布を見てこんなことを言った。

「いつも頑張ってるんだから、ご褒美にちょっといいお財布とか買ってみたら？」

当時使っていた財布を改めて見ると、ところどころ塗りは剥がれ落ちていて、クタクタになっている。特段高い財布ではなかったが、気付けば10年以上もこの財布を使っている。もし買い換えるならちょうどいい時期なのかもしれない。でも、それなりに値段の張る財布なら、そう簡単には決められない。

それからしばらくは、ネットでどんな財布がいいのか検索していたが、ついに自分がピンとくる財布を見つけた。しかし、値段を見てはそっとブラウザを閉じ、買おうかどうしようかと悩んでしまう。

ある日、財布の購入をすすめてくれた友だちに買い物へと誘われた。到着したのは僕が財布を買うか悩んでいた、とある高級ブランド店。慣れないブランド店に緊張が走る。足取りが重い僕は、友だちにぐいぐいと引っ張られながら店内に入る。ショーケースの中にはネットで幾度となく見たあの財布があった。

「ほら、目の前にあの財布があるよ。凄くいいな！」

店員さんに、震える声で購入を検討している旨を伝えると、ニコッと笑顔を見せて、テキパキと僕の前に財布を出してくれた。ネットと実物の印象の違いから、購入意欲が下がるのではないかと懸念していたが杞憂だった。手触りは滑らかで質感や色合いも非常に僕好み。友達が言うように凄くよかった！　気持ちが高ぶった僕は店員さんに購入することを伝えた。支払いを済ませ友だちと店を出ると、なんだか足取りはふわふわしているし、頭もぽーっとしている。あの財布が、今自分の手元にあるというのを、なかなか信じることができなかった。

ようやく現実だと思えるようになったのは、家に到着してからだった。いつもの部屋に似合わない高級な紙袋。なんだか合成写真のようだ。冷静に考えてみると、今までこんなに高価なものを持ち歩いたことがない。

もし落としたらどうする？
もし盗まれたらショック死するんじゃないか？
外に出したら財布が傷つくかもしれない。

ダメだ。僕にはこの財布を持って外出する勇気が出ない。それから半年間、僕はこの財布を机に飾り、一度も外に持ち出すことはなかった。

しかし、その呪縛も解かれるときがやってきた。一人暮らしをすることになり、洗濯機や電子レンジなどが新調されるタイミング。ここで財布を新しいものにできなかったら、もう二度と使えない気がした。

クタクタの財布に別れを告げて、もう後戻りできないように退路を塞いだ。もう今まで使っていた財布が目の前にないのだから、高級財布を使うしかない！

初めてその財布を持って外出したときには、気が気ではなかった。まわりの人の挙動が気になってしまうし、落としていないかを頻繁に確認する。家から出るときには、傷つかないようにビニールを3重に巻こうかと真剣に考えたくらいだ。

しかし、外出するたびにその緊張感は薄れていって、今では普通に使えるようになった。それどころか、友だちに言われたとおり〝ご褒美〟だと感じるようになったのだ。この財布を買ったんだから頑張ろう、と活動に力が入る。緊張がモチベーションに変わってから、僕はほんの少し自分の中に物欲が芽生えるのを感じた。

金銭感覚は大切に

長年、洋服にも興味がなかったが、またもや友だちにオシャレな服を着るのも大事だぞと提案された。

「洋服によって質感も違うんだから、そういう違いを知ることも大切にしないと」

……ふむ。友だちはきっといい営業になれるだろう。友だちに夏以外は絶対に着られるから！と勧められたスプリングコートは、僕のお気に入りで買って良かった物のひとつだ。

服を気にするようになってから、僕は外出が楽しみになった。新しい服を買うと、外に出たいという欲求が出てくる。それだけで、普段家から出ない僕がちょっと外に出てみるか、と思えるようになるのだ。これは外出する良い理由になるぞ！と友だちに感謝した。

ある時、同じ友だちからパーカーをおすすめされた。値段を見るとなんと5万円。……いや、それはさすがに買わない。というか、パーカーに5万円を出してしまったら、次の買い物から5万円というハードルを簡単に超えてしまうだろう。そうなったら、転がるように浪費して、もう今まで守ってきた金銭感覚には戻れないかもしれない。これは、自分の金銭感覚を守るための闘いだ。

ご褒美とは、たまに手に入れるものだからモチベーションが上がる。買えるからという理由だけで、手に入れられたらご褒美の価値は下がっていってしまうのだ。

結局、僕はこのパーカーを買わなかったし、買わなかったことを後悔もしていない。むしろ、自分の金銭感覚を狂わせる結果にならなくて良かったと思っている。

CHAPTER.2

HON KAMO WAKARAN

麦色

ゆきだるま

命を迎える覚悟

僕は、猫と一緒に暮らしている。きっかけは、配信が終わったあとに見ていた猫動画の影響だった。動画で〝癒し〟というものを初めて実感して、それからは更新されたらすぐに見る、という生活を続けている。それまでは「推しの動画は更新されたらすぐ見たい！」と言っている人たちに、あまり共感できなかった。あとで見ても内容は変わらないんだから、とどこか冷めて見ていたのかもしれない。

しかし、僕の生活は猫動画を見ることで一変した。すぐに見たい、と言っていた言葉が今なら分かる。自分が一番初めに見たいし、出来たてホヤホヤの動画を見られること自体が特別なんだって思うから。

それから、猫と一緒に過ごしたいという欲望が強まっていったけど、なかなか決めることはできなかった。自分が不規則な生活をしていることで上手くいかない部分があるかもしれない。それに、今感じている「猫ってかわいいな」という気持ちが変わってしまうのも怖い。命を迎えるためには、トイレなどの道具だけではなく、自分の心持ちを確認するのも大事な準備なのだ。

猫の寿命は人間よりも短いから、自分が見送る側になるのも覚悟しなければならない。良いときだけ一緒にいて、面倒になったらほかの誰かに……なんてことをするのは目の前にある命にすごく失礼なこと。自分は猫をちゃんと愛せるのか、半年間にわたってずっと考えつづけた。

そして、ついに出会ってしまった。東京から2時間ほどかかるところで！　だけど、ファーストインプレッションだけで決められるほど、命は軽くない。それからも「本当にこの子を飼えるのか」という気持ちを確認するために、3回ほどそこに通った。

三度目の正直。僕はついに覚悟を決め、猫とともに生きることにした。

030

むぎくんの魅力

配信の中で何気なく「猫に名前を付けるならどんな名前にするか」という話になったとき、自信満々に「おらじろうって名前がいい」と言ったことがある。しかし、多くのリスナーさんたちから「それはやめたほうがいいよ」とアドバイスをもらって、少し考え直そうと思った。

もし、自分の名前と掛け合わせないなら、食べ物の名前がいいなと思っていたので猫の名前候補をさっそくネットで探すことに。参考にする程度、と思っていたけど猫の名前ランキングというものを発見！　そこで見つけたのが「むぎ」という名前だった。

その名前を見た瞬間、ビビッときた。お迎えする猫はまるで麦のような色をしていたからだ。それまで、名前について悩んでいたのに、「むぎ」という名前を見てからは「この名前しかない！」と感じたし、おらじろうとかふざけた名前を付けようとしていたヤツの顔を見てみたいと思ったくらいだ。

むぎくんとの生活が始まってから、忙しい中でも時間がゆっくりと流れているような瞬間を感じられるようになった。僕は、猫＝ツンツンしているイメージを持っていたのだが、僕の姿が見えなくなるとにゃあにゃあ鳴いて捜しはじめるむぎくんを見てキュンとしている。

猫は気を許していないとお腹を見せないと聞いていたので、気長に仲良くなっていこうと思っていたら、最近になって〝へそてん〟している姿を見せてくれるようになった。

親バカなのは分かっているが、それがかわいくて仕方ない。少しずつ仲を深めているような感覚があって、お腹を見せてくれたというだけで嬉しくてニヤニヤしてしまう。

そんな僕を見て、むぎくんは今日も「にゃあ」と鳴くのだ。

イヤイヤ期を乗り越えて

むぎくんをお迎えする前に、猫のことを一生懸命調べた。その中で、子猫のうちにやっておいたほうがいいことがあると知った。それは歯みがきだ。猫の歯をみがくなんてやりすぎじゃない？と思われるかもしれないが、成長していくにつれて歯周病でつらい思いをする猫は少なくない。

僕は、できる限りむぎくんに健康でいてほしいし、痛い思いをしてほしくもない。そのために、ほんの少し嫌がる時期があったとしても取り入れようと思ったのだ。歯みがきといっても、最初に使うのはブラシではなく、ふき取りシートのようなもの。

初めて歯みがきシートのにおいを嗅いだむぎくんは、今まで見たことがない顔をしていた。頭の上に吹き出し付きで「くっさ……」という文字が見えたような気がする。そんなふうに思っている相手が簡単にみがかせてくれるわけもなく、歯みがきの時間になると逃げだしてしまうようになった。

困った僕は、かかりつけの獣医さんにそのことを相談した。すると、「むぎくんはご飯が好きだから、シートの上にご飯を置くところから始めてみたらいいと思うよ」と言うのだ。

いやいや、そんな簡単なことで上手くいったらこんなに苦労してないって。

言われたときには半信半疑だったが、とりあえず家に帰って実践してみることに。すると……あんなに嫌いな歯みがきシートの上に載っているおやつを食べるではないか！　歯みがき粉のにおいを気にしてはいるものの、食欲には勝てない様子。

ここは丁寧に歩み寄らなければいけない。そこから1週間はシートにおやつを載せるだけにして、様子を見守った。そして、シートに近づくとおやつがもらえるという認識ができあがったのか、ある日おやつを出さずにシートだけを近づけてみると、なんとイヤイヤしない！

これは前進だ。次のステップに進んでもいけるかもしれない。しかし、むぎくんを抱えて、前歯にシートを当てようとするとやっぱり嫌がって逃げてしまう。

まだダメか……でも諦めるわけにはいかない。

こうして絶対に歯みがきをしたい飼い主と、絶対に歯みがきをさせたくない猫との静かな戦いが始まった。あと数ミリで前歯に届く、というところで顔を背けて、腕の中からするりと逃げ出すむぎくん。暇を見つけては歯みがきシートを持ち出しチラつかせる僕。

少しずつでもいいから受け入れてほしい。そんな気持ちで取り入れたのがヒット&アウェイ戦法だ。前歯を拭こうとして嫌がったら、即座におやつを出して嫌なことを忘れさせる。すぐにおやつで上書き保存。

これが見事にはまり、左の前歯だけだったのが、右の前歯もさせてくれるようになり、ついに全部の歯をみがけるようになった。歯みがきをできるようになるまで、実に半年もかかってしまったが成果としては上々だ。

今では、歯みがきシートを出すだけで自分から口を開けてくれるようになった。信じられない変化だ。このままいけば、むぎくんが自分でブラシを持ってみがきはじめる日も遠くないだろう……。

僕の日常

平日はだいたい朝の10時くらいに起きる。朝が弱いのは昔からで、ベッドの上でごろごろしている時間がけっこう長い。学校に行ってたときはどうやって起きていたんだろう……。覚えてないけど、頑張って通ってたんじゃないかなと思う。

そのあと、むぎくんにご飯をあげる。僕は食べたり食べなかったり、その日によって違う。むぎくんがご飯を食べ終わったら、30分くらいはもふもふしながら僕と遊んでいただく。

むぎくんに癒してもらったら、1日のスケジュールをパソコンで確認。撮影や打ち合わせの時間までは、YouTubeを見てリサーチする。

最近どんな動画が流行っているのか、2〜3時間はひたすら見る。これだけの時間をかけても、自分のネタなどに取り入れられそうな部分は、1割もない。それでも、僕の大切な日課だ。

週3日、14〜19時まではドズル社の撮影がある。多少撮影が後ろに延びてしまうこともあるから、21時まではご飯を食べたり小休憩の時間。21時からは自分の動画の撮影を始めて、夜中の1時に終了！

ここからは自由時間。夜中の3時くらいまではむぎくんと遊んだり、アマプラを見たり、まったりとした時間を過ごす。寝る時間はまちまちだけど、明日もあるし、あまり遅くならないうちに寝るようにしている。

2022年は月に2日くらいしか休んでいなくて、バランスが悪かったから最近は多めに休みを取るように心がけている。意識的に休むようになると、メンタルも安定するしモチベーションも高まる。やっぱり、休みを取るのって大事だな。

僕の場合は、家にいると仕事をしてしまうから、休みの日は絶対に外出する。服を買いに行ったり、近くにある喫茶店を巡ってみたり、気分転換の方法を見つけてからは、すごく気分が楽になった。

結婚するなら出会いから

038

結婚願望はあるか？と聞かれたら、そりゃあります。だけど、ゲーム実況をしはじめてからほとんど人と会っていない。このままだと恋人はパソコンですなんて言い出しかねない。人生、バーチャルで終わるのは絶対に嫌だと思ってはいるものの、忙しくてどうしたらいいんだろうと、最近本気で悩んでいる。

まだ相手がいるわけではないけど、自分とはこういうタイプが合うんじゃないかなと想像することもあるので、それをとりとめもなく書いていこう。性格的には、口が堅い人だろうな。家でのけんかや些細な不満をＳＮＳに書かれてしまうと、精神的にけっこうつらくなってしまうから。

あとは、この仕事に対して理解してくれる人じゃないとお互いにストレスが溜まってしまうと思う。「なんで土曜日なのにゲームしてばっかりなの？」と言われても困るだろうなと想像できる。生活リズムが一般的な会社員とは違うので、朝もゆっくりだし3日前にいきなり仕事が入るのも当たり前。深夜遅くまで活動しているからなかなか2人の時間も取れないかもしれない。……ここまでいいところなしで相手が我慢しなきゃいけないことばっかりだな。

不規則な生活だけど、自由に休みが取れるのはいいところ。休もうと思えば、平日に休むこともできるから（仕事がイレギュラーで入らなければ……）、ショッピングモールや映画館が混んでいない日を狙って行ける。1週間まとめて休むこともできるので、昼間から温泉に行っても問題なし（仕事がイレギュラー……以下略）。

こんな想像をしてみたところで相手がいないと何も進まない。ここまで書いて、もう少し積極的に外に出てみようかなと、基本に立ち返る僕なのでした。

欲張るくらいでちょうどいい

ド　ズル社で活動を始めてから、YouTuberにとって大切なことはなにかということを考えるようになった。自分が楽しいと思えることをしたいけど、じゃあ自分のしたいことを優先して、視聴者が楽しめなくてもいいのか？　それはなんか違う。

よく、仕事を選ぶ基準として挙げられるのは、やりがいを取るかお金を取るかという話。お金があれば、好きな仕事じゃなくてもいいよって人もいると思うし、お金は稼げなくても好きなことをしていたいって人もいる。

じゃあ、僕はなにを選んでいくのか。そんなことをドズル社に入って1年くらいは悩んでいた気がする。考えた結果、僕にとって大切なものは、やりがいであり、視聴者数であり、活動を通して少しでも多くの人を幸せにすることだと気付いた。何かを捨てるなんてできないし、する必要もない。

人間って、やりがいかお金かと聞かれると、どちらか一方しか手に入らないと思いがち。だけど、本当はそんなことなくて、どっちも手に入るはずだから。自分に必要だと思うものは貪欲に求めていい。それにYouTuberという活動においては、このくらい欲張るくらいでちょうどいいと思っている。

その代わり、全部手に入れるためには自分のできることを、しっかり考えないといけない。例えば、最近の流行に敏感であることや、毎日リサーチして視聴者が喜んでくれるものと自分が楽しめるものを見極めること。

現状維持で満足したら、それ以上は成長できなくなってしまうし、手を抜きはじめたら見ている人にも「あ〜、最近おらふくん適当になってきたな」って絶対に伝わる。自分が面白くないって思いながら動画を作っていたら、仕事として成り立たなくなるのが、YouTuberの厳しくて面白いところ。これからも、自分の欲を手放さずに常に挑戦できる自分でありたい。

僕ができる親孝行

今まで生きてきた人生で、僕は両親にたくさんの心配をかけた。両親の言うことを守らずに怒られたこともあるし、僕のたった一言で傷つけたこともある。どんな家族にも、いろいろな出来事が起こるとは思うけど、振り返ってみると育ててくれたことに対する感謝の気持ちしか見つからない。

ある日突然「YouTubeで生計を立てたい」と言ってみたり、プロゲーマーになってみたり……。それでも、僕の行動に対して頭ごなしに怒ることはなく、本当につらいときは「休みなよ」と言ってくれる大切な存在だ。

小さい頃、ゲームを出しっぱなしにしていて怒られたときも、当時はうるさいな～と思っていた。でも、書籍化のタイミングで母とこの話をしたら、「最近はまだ使えるものだったとしてもすぐに買い替えられるけど、そういう気持ちじゃなくて、物を大切に使うってどういうことなのかを知ってほしかった」と答えてくれた。僕が思っているよりも、僕のことを考えて育ててくれていたんだと思うと本当にありがたい気持ちでいっぱいになる。

ずっと支えてくれて応援してくれている家族だから、実家を出るときにはやっぱり寂しかった。家を出るときに、「育ててくれてありがとう」という気持ちを込めて書いた手紙を読み、母に渡した。「手紙を読んでくれたとき、嬉しかったよ」と今でも笑いながら話している様子を見ると、少しは親孝行できたのかもしれないと思うこともある。

一人暮らしを始めて、生活が安定してからは家族を誘って年に1回は旅行に行くようにしている。恩返しっていうと大げさだけど、家族と一緒に美味しいものを食べて、ゆっくりくつろいで、ちょっとだけでも息抜きしてほしいなって思っている。

自分にできる親孝行なんて大したことではないけど、これからも少しずつ恩返しできたらいいな。

CHAPTER.3

HON KAMO WAKARAN

わからん日々の中で

ゲーム没収ループ

CHAPTER.3，4では主に学生生活と配信者になるまでの話について書いていく。小学4年生くらいのとき、テレビゲームやポータブルゲーム機を全部合わせると家に5種類はあったと思う。親から「勉強してからね！」と言われても、フル無視してゲームに没頭していた僕は、当時1日5時間以上はゲームをしていた。

子どもにとっては天国のような環境だけど、子育てしている大人から見たら恐ろしい日常生活に違いない。そんな大人が取る手段といえば……秘技・ゲーム隠しだ。親の言うことを聞かないんだからしょうがない。だけど、隠されたお宝を子どもが捜しはじめてしまうのも、また仕方のないことだ。

親が出かけているときや寝静まったあとに、コソコソと捜してみるものの、全然見つからない。だけど諦められないし、そのうち親が部屋にいても捜すようになってしまった。

そんなある時、布団が片付けられている押し入れの中にひっそりと隠されたゲーム機を見つけた！　ついにやった！　だけど、今ここで親に見つかったらまた取り上げられてしまう。

慎重にミッションをクリアしなければならない。

いや、だけど今すぐ電源を入れたい。

2つの気持ちがぶつかり合った結果、僕はその場で電源を入れた。その瞬間からゲームの内容にくぎ付けになってしまい、結局またすぐに取り上げられてしまった。見つかったら没収されるって分かっているのに、なんで子どもって上手にできないんだろう。

またある時は、布団の中にゲームを持ち込んだこともある。光が漏れないように頭まですっぽりと布団に入り、物音を出さないようにボタンを押す。だんだんと息がしづらくなってくると、首だけを布団の外に出して「ぷはっ」と息をした。水泳の息継ぎのように酸素を吸って、また布団へと潜っていく。

ここまでは順調だったのに、どうしてもゲームをやっていると、ＢＧＭが聞きたくなってボリュームを上げはじめてしまう。

だから、バレるって。

なんでこんなに必死になって捜すのか。それは、学校に行って友だちと「どこまで進んだ？」とか「レベルいくつになった？」という話をできるのが、ステータスだったから。

つまり、ゲームの中でキャラクターのレベルを上げると、僕のステータスも上がっていくということでもある。みんなよりも早く攻略したい。みんなよりも強くなりたい。そんな純粋な気持ちが僕をゲーム捜しへと駆り立てた。

ゲームを捜す戦いは、親の隠した宝物を見つけて終わるわけじゃない。本当の戦いは、自分の欲望をどうやって抑えるのかってこと。もっともらしく言ってるけど、欲望を抑えられていたら没収すらされないんだよな。親の言うとおり、勉強したりゲームをする時間を守ってたりしていれば、ゲームはできるんだから。

そういうところも含めての没収ループなのかもしれない。

敵に囲まれた生活

小学5年生の頃、僕はいじめにあった。きっかけは些細なことで、いわゆるクラスの〝イジられ役〟というポジションだったから。最初はちょっと言葉でバカにされたり、小突かれたりする程度だった。でも、だんだんとエスカレートしていって、その不穏な空気はクラス全体へと広まっていった。

あいつはイジられ役だから大丈夫。

男子も女子も一緒になって、言葉や力で僕のことをねじ伏せようとする。声をかけてもまるで自分の存在がないかのように扱われたり、ひどいときには男子に腕を摑まれて殴られることもあるヘビーな毎日だった。

クラスの誰にも弱音を吐けないし、心配をかけたくなくて親にもなかなか言い出せない。正直生きた心地がしなかった。

最初の方こそ、「なんでこんなことするんだよ！」と言葉にできていたが、そんな毎日を過ごすうちに「もしかしたらまた殴られるかもしれない……」という恐怖心が勝ってしまい、言い返すこともできなくなった。

もう自分の力だけではどうすることもできないと思った僕は、勇気を振り絞って担任の先生に助けを求めた。感情的にならないように、静かに丁寧に説明していく。

「このクラスには、今いじめがあります。無視されたり手が出たりもしていて、僕だけじゃどうしていいか分からないんです。先生からみんなに注意してくれませんか？」

その言葉に先生は「分かった」と答え、そしていつまで経っても、先生はクラスのみんなに注意することはなかった。

大人なら助けてくれるはず。そんな希望はあっけなく散っていって、やり場のない悲しみと絶望感に包まれた。

もう学校に行きたくない。

今までは学校に行かないという選択をしたら、いじめている子たちに負けるような気がして「そんなことしてやるか」と思っていた。親に話すことも、告げ口するかっこ悪いヤツだと思われて、またいじめがエスカレートするかもしれない。だけど、もうそんなこと言っていられない。家ですら元気な姿を見せられそうになくて、家の中でいくら「普通に過ごそう」と思っていても、普通がなんだか分からなくなってくる。

だから、今までずっと隠してきたことを、両親に話そうと思った。学校から帰宅してしばらくすると、仕事を終えた両親がいつものように「ただいま」と言って帰ってきた。なにかを感じ取ったのか「どうした?」と声をかけてくれた両親を前に、僕は一言、「……学校に行きたくない」と口にした。

その瞬間、感情がぶわっとあふれて声をあげて泣いた。この時に感じていたのは悲しみだけではなく、やっと話せたという安堵感だ。だけど、ずっと抱えていた両親に心配をかけたくないという気持ち、いじめている人間に負けたことになるかもしれない悔しさ、ひとりで解決できなかった虚しさ。いろんな気持ちがごちゃ混ぜになって、涙が止まらなかった。ひとしきり泣いて、落ち着いた僕に両親は「学校、休もうか」と言ってくれた。

僕がサボろうとしているときにはいつだって「サボっちゃダメだよ」と注意するのに、本当につらくてどうしようもないときは、寄り添ってくれる。もしこの時、先生にされたのと同じようにあしらわれていたら、僕はどうなっていたかと考えるとゾッとする。

学校は確かに敵だらけだった。だけど、自分を助けてくれる存在がいてくれたおかげで、僕は今日もゲームができている。

勉強という名の盾

休むと学校側に伝えると、家に教頭先生がやってきた。担任の先生に話したような事情を伝えると、「（担任が）ちゃんと取りあわないなんて許されることじゃない」と、その場にいた誰よりも怒りに震えていた。

あとになって分かったのだが、そのあと教頭先生は担任の先生を呼び出して、めちゃくちゃに怒ったらしい。それを知って気分が晴れることはないけど、ただ僕のために怒ってくれたという事実だけで嬉しい気持ちになる。

そうやって少しずつ環境が変わった頃に、教頭先生から「1日でもいいから来てみないか？」と言われ、僕はまた学校に通えるようになった。教室に入っても、何かが劇的に変わったわけではない。話しかけてくるようなクラスメイトもいないし、少し時間が経つと、また悪口が聞こえてきたりもする。それは、どれだけ倒しても草原から無限に湧いてくるモンスターのようだった。

ある日突然、みんなの態度が変わるなんてやっぱりないよな。

現実世界の僕は、勇者にはなれない。そんなことは分かってる。だけど、中学生になれば今のクラスメイトとも当然同じ学校に通うようになるわけで、その間ずっとこんな扱いを受けるなんて絶対に嫌だ。

そして僕は、中学校受験を真剣に考えるようになった。塾の先生に事情を話すと、開放している自習室を使わせてもらえることになり、僕は勉強にのめりこんでいった。

休みの日も、朝10時には塾に行って自習。お昼になったら、母に作ってもらったお弁当を食べて、13時から19時くらいまでずっと自習。1年半くらいはこんな生活をしていたと思う。

本格的に勉強を始めてから、教室にあふれていた雑音を気にすることはなくなった。もう少しでこの関係が終わる。そう考えたら、まわりにいるクラスメイトの顔色をうかがう必要なんてないんだと思えたから。

勉強している僕を見て、イジっても反応しないと思ったのだろうか。それ以降、僕に暴力をふるうことはなくなった。まるで、見えないシールドのように「勉強している時間」は僕のことを守ってくれた。

そして、ついに決戦の日。

必死に勉強して、受験した結果……僕はついに合格を勝ち取った！　元々、勉強がすごく好きなわけでもないし、成績が良かったわけでもない。でも、終わってみれば、中学校に成績1位で入学するくらいの学力になっていた。

もう同じ時間を過ごさなくて済む。

言葉では言い表せないくらい、すがすがしい気持ちだった。もう戦わなくていいんだ。もう自分を守らなくていいんだ。

僕の小学生時代の話は、今回初めて公開する内容だ。配信者という活動をしているから、あまり過去の暗い話はしたくないし、視聴者が楽しい気持ちで見られるようにしようと心がけている。もちろん、いつも完璧に自分の楽しい部分だけを見せられるわけじゃないけど、意識はしている……本当に。

僕がこの話をしたのは「いじめを乗り越える正解」を伝えるためでもないし、偉そうに「勉強したら上手くいくよ」と言いたいわけでもない。いじめと向き合う方法は人それぞれだから、自分に合っている方法を見つければいいと思う。

逃げることも、立ち向かうことも絶対に間違いじゃない。それ以外の方法を取ってもいい。例えば、好きな音楽を聞いたり、YouTubeを見たり、ゲームをしてもいい。だけど、その中にあるひとつの選択として、「おらふくんのYouTubeを見よう」と思ってもらえたなら、こんなに嬉しいことはない。

デバフから抜け出したい

僕は、小学校でのつらかった時期を経て……とんでもない人見知りになった。人と話すときに、目を見て話せないし、自分のつま先を見ながら人と会話するなんてこともあったくらいだ。いじめにあってから「みんなと一緒に上手くやれないなんて、自分の性格が悪いのかもしれない」とか、「中学校でも同じことになったらどうしよう」と、ネガティブな考えに引き寄せられてしまう。

だけど、そういうことを考えてしまう自分のことを好きにはなれない。だから、「小学生の頃の自分とは違うんだ」「中学校では友だちと良い関係を築くんだ」という気持ちで中学校生活をスタートさせた。

この時に僕が大切にしていたのは、自分からあいさつをすること。新しい環境で、自分から話しかけるのはすごく勇気がいるけど、誰かと仲良くなるためには自分から一歩踏み出すことが大切だと思う。

僕も自分が話しかけるより、人に話しかけてもらったほうが気軽に話せる。だからこそ、僕は自分から人に話しかけるようになった。

ただ、人に話しかけられるようになったからといって、小学生時代の嫌な思い出がゼロになるわけじゃない。いじめにあってしばらくは、人との会話は緊張したし、誰かと仲良くなるのには時間がかかった。みんなは入学して早々に友だちができるのに、僕は少し遅れてちらほら友だちができるといった感じだった。

それでも、人と話すことを諦めないでいると、理解してくれる人や、自分に話すペースを合わせてくれる人もいて、少しずつ心を開けるようになった。

デバフを解消するための特効薬なんて、現実にはない。だけど、僕はそれでいいんだって思える。時間がかかったとしても、ちゃんと関係性が変化していくって感じたから。

おふざけ文化部

中

学校では、最初のほうこそ人見知りを発揮して、自分からはなかなか話しかけられなかったが、しばらくすると心機一転して和気あいあいと過ごせるようになった。授業中に友だちとふざけあったり、大きな声で話してみたりとやりたい放題。まるで、小学生の頃にできなかったことを取り戻すかのような時間を過ごした。

担任の先生が顧問を務める文化系の部活に入ったのだが、これが大人気！　クラスの半分が入部するという異例の部活となり、全体で見ると野球部の次に部員の多い部活だった。先輩は5人しかいないのに、同級生が50人近くいるといえば、その人気の高さが伝わるだろう。

なぜこんなに部員が多かったかというと、失礼ながら顧問の先生の授業が面白かったわけでもその部活動にもともと興味があったわけでもない。理由は、自由な時間を過ごせるから。部室には、トランプや囲碁、チェスなどが置いてあり、みんなで話しながらただ遊ぶという時間を黙認されている部活だったのだ。

ほかの人たちが許されていないことを、部活の間だけは自由にできる。それは、自分にとっても特別だったし、部員もそう思っていたはずだ。だけど、その時間はそう長くは続かなかった。

入部して数ヵ月が経った頃、僕は退部することになった。といっても、なにか大きな事件が起きたわけではない。顧問の先生が「この部活はお前にとって良い環境じゃないかもしれないな」という判断をしたのである。

どうしてそんなことを言われたのかハッキリしたことは分からないが、もしかしたら僕が無理して明るく振る舞っていると思ったのかもしれない。そのことに、僕自身はなかなか気付くことができなかった。

グッドコーリング

異変を感じたのは、中学1年生の夏休みが明けた頃だった。楽しかったはずの学校なのに、学校に行くとなると憂鬱な気持ちになる。まるで風船の空気が抜けるかのように、僕の中から気力がなくなっていった。

友だちとふざけあう時間が楽しくなかったわけじゃない。今までの自分とは違う面が出せて良かったとも思っている。

だけど、今思えば、かなり無理をしていたのは間違いない。嫌われたらまた自分の居場所がなくなってしまう……そんな不安からなのか、無意識のうちに友だちの前では明るく振る舞っていた。簡単に言うと、明るいキャラでいることに疲れてしまったんだと思う。

こうして、僕はまた学校を休むようになった。

この頃の僕は、人のことを素直に信じられないでいた。学校の先生から電話があっても「クラスに不登校の生徒がいたら、先生の評価に関わるもんな」と、ひねくれた考えが最初に浮かんでしまう。

だけど、先生のおかげで、僕は人を信じることができるようになった。先生は、僕が休むようになってから1日もかかさずに電話をくれたのだ。

「今日、学校ではこんなことがあったよ。そっちはなにしてた？」

決して、学校にこいよとは言わずにただ世間話をして電話を切る。そんな関わり方に、なぜか温かさを感じた。この先生は、本当に僕のことを気にかけているのかもしれない。そう思うと少しだけ、人を信じる勇気が湧いてきた。

この電話のおかげで何とかまた学校に行けるようになった。先生、ありがとうございます。

064

学級委員長への推薦

中学1年生の初期、明るかったとは書いたけどまわりからはきっと「うるさいヤツだなぁ」と思われていただろう。僕はよく学級委員長に注意されていたし、勉強に集中したい人たちにとっては迷惑だったに違いない。ある時、学級委員長に真顔でこう言われた。

「授業中とか、もう少し静かにしてくれん？」

学級委員長は頭も良くて、スポーツ万能で非の打ちどころがないようなタイプだった。のちの話になるが、その子の進学した大学は国内でトップクラスの偏差値を誇る超有名大学。

今までも、学級委員長に「静かにしろ」と注意されていたけど、ここまで真剣な表情で言われたことはなかった。
友だちに嫌われたくなくて明るく振る舞っていたのに、ただ不愉快にさせて終わっていたら意味がない。ちょうど、自分がキャラを作っていることに疲れはじめた時期とも重なっていて、学級委員長からの注意をすんなりと受け止めることができた。

それからは、キャラを作りすぎない程度の会話量になったので、次第に落ち着いた生活を送れるようになった。すると、授業も静かに受けるようになり、分からないことがあると、学級委員長に勉強を教えてもらうような関係になっていった。
そして中学1年生の後期。僕は前期の学級委員長から推薦されて、学級委員長を引き継ぐことになったのだ。

推薦されたときには「なんで僕なんだよ」と理由もよく分からなかったが、今になって考えてみると、クラスをまとめる立場を経験させることで、注意する立場の気持ちを分からせたかったのかなと感じている。

というのも、その学級委員長はとにかく面倒見が良かったのだ。「あいつ、いつもうるさいから学級委員長を押し付けよう」というタイプではなく、クラスメイトになにが必要なのかを考えて、的確なアドバイスをくれる性格だった。

勉強を教えてもらっているときも、僕の理解が追いつかなくても辛抱強く待ってくれるし、決して怒らない。だけど、クラスが騒がしくなってくると、ハッキリ注意できる。

その子と仲良くなるにつれて、僕もだんだんと変化していった。誰かを注意すると、「うるせぇなぁ……」と文句を言われることもあるし、「うーわ、真面目じゃね？」と茶化されることもある。そういう小言にいちいち反発しないスルースキルも必要になるという理解にも繋がった。

そしてなにより、注意する側も嫌な気持ちになっていることを痛感した。誰かに注意して気持ちがスッとすることなんて、少なくとも僕にはない。「もっとこういう言い方をすれば良かったんじゃないか」と悩み、傷つけたかもしれないと罪悪感に苛まれることだってある。

だけど、この経験はものすごく大事なものになった。自分にアドバイスをくれる人や、注意してくれる存在がいることは、ありがたいんだなと思えたから。自分が嫌な気持ちになりながらも、ほかの人の悪いところを注意するってなかなかできることじゃない。

もちろん、理不尽なことを言われてまで感謝しろとは思わない。だけど、自分のことを思って言ってくれる言葉は見逃さないようにしたい。それは、今までもこれからも大切にしていきたい考え方だ。

ゲームルートと進学ルート

中学受験のためにしばらく封印していたゲームだったが、中学校に入ってから興味が再燃するようになった。小学生の頃は、学校が楽しくなかったから勉強していただけで、友だちができるようになったら勉強なんてする気も起きない。

入学した頃には上位だった成績もガクンと下がったけど、あまり危機感はなかったかもしれない。いつか勉強しないとなって思いながらも楽しいことに流されていくのは、僕のまわりにいる友だちもそうだった。

しかし、成績が下がったことによって当時通っていた塾の先生に究極の二択を迫られることになってしまった。

「きみは、これから先ゲームで生計を立てていくつもりなのか。それとも、高校に進学する将来像を描いているのか?」

当時は、今のようにゲームで生計を立てるなんて想像もしてなかったし、現実的に考えたら高校に進学するだろうなと思っていた。塾の先生だって、きっと進学に集中させるためにその話をしたのだろう。本気で僕がゲームで生きていくのかを聞いていたわけではない。

僕は、中学2年生の夏。先生の問いかけをきっかけにゲーム断ちすることにした。先生にはハッキリと「ゲームをやめて進学します」と宣言し、大好きなゲームを押し入れにしまい込んだ。このあと、大学生になるまでゲームには触れず、ただただ普通の学校生活を送ることになる。

夢に繋がる勉強スイッチ

中学2年生のときに、進学のために勉強しようと思ってはみたものの、教科書を開いても何が書いてあるのか理解できない。何が分からないのかも分からない。いったいどこから手をつけたらいいのか……と悩んでいると、担任の先生が一緒に勉強しようかと提案してくれた。ちなみに、僕の担任は1年生から2年生まで同じだったので、すでに紹介している電話をかけ続けてくれた先生のことだ。

僕が問題を解いている様子を見て、先生は悩みながらも真剣に僕と向き合ってくれた。この時のことを、僕は今でも感謝している。

「大変だろうけど、中学1年生の勉強から覚え直したほうがいいかもしれない」

先生からの提案に、途方もない時間がかかるのかもしれないと僕は覚悟した。だけど、それは今まで自分がサボってきたツケのようなもので、ここでやり直せなければきっともう間に合わない。

それから、放課後は先生に勉強を見てもらう日々が始まった。振り返ってみると、あの頃が人生で一番勉強をした時期だったかもしれない。僕が高校に進学できたのは、あの先生と出会えたからだと思っている。

付きっきりで勉強を教えてくれる優しい性格なのに、僕がふざけすぎていると本気で怒ってくれるアツい先生。

僕もこんなふうに生きてみたい。

そう思った。誰かに影響を与えて「こんなふうに生きてみたい」と思われるような人生を歩んでみたい。こうして、小学生の頃に描いていた野球選手になりたいという夢が学校の先生になりたい、に変わったのだ。

もう二度と傷つけない

重たい話が続いたので、ここで小休憩。小学生の頃に遠足でＵＳＪに行った時の話。元々、絶叫系は得意じゃないので、基本的にジェットコースターには乗らない。どのくらい得意じゃないかというと、子ども用のかわいらしいキャラクターの乗り物もＮＧってくらい。

当時も苦手だったのに、なぜか友だちの押しに負けて本格的なジェットコースターに乗ることになってしまった。

あぁ、もう本当に無理。今日、僕死ぬんだ。

乗る順番が近づくにつれて、心臓がバクバクいって目がシパシパしはじめる。さらに、額に汗がにじんで声が震えてくる。あまりの恐怖に友だちの腕を思いっきり握って、なんとか気を紛らわせようと必死だった。

そして、ついに運命の時。ジェットコースター特有のガチャガチャした音や、「いってらっしゃーい！」という声が聞こえた。ジェットコースターが動き出しても、僕は隣に座った友だちの腕を放せずにいた。

次の瞬間、体がふわりと浮くような気持ちの悪い感覚が僕を襲う。

「いやだぁぁぁぁぁぁ‼」

絶叫マシーンもこれだけ叫ばれたら満足だろう。そのくらい泣き叫び、全身に力を込めた。振り落とされないように、記憶が飛んでしまわないように。ようやく降り口へと到着した頃には、恐怖と風にくちゃくちゃにされて放心していた。

友だちに手を借りながら降りたところで、ようやくある異変に気がついた……手のひらが痛すぎる。落ち着いてまわりを見てみると、友だちの腕に、くっきりと僕の手形がついているではないか。
どうやら、必死になりすぎて手形が残るほど強く友だちの腕を摑んでいたらしい。友だちは笑っていたが、あれは絶対に痛かったと思う。

あの日、僕は誓った。もう二度と誰も傷つけないようにしよう、と。

もし、これから先彼女ができてジェットコースターに乗ろうと誘われても「きみを傷つけたくないから」とさわやかな決めゼリフでなんとかやり過ごそうと思っている。たぶん、あんな状態の僕を見たら百年の恋も冷めるだろう。

その日のために、僕はある練習をしている。それは、ジェットコースターという単語が出る前に察知して、回避していくというものだ。何を言っているのか分からないと思うので説明しよう。
例えば、友だちと話しているときに「おらふくん、富士急ハイランド行ったことある?」と聞かれたら、速攻で「あ、無理やね」と返す。会話としておかしいだろ、と思われるかもしれないけど、それでもいい。誘われる前にブロックしておけば、自分も守れるし、誰の腕も傷つけなくて済むんだから。

このくらいジェットコースターが苦手な僕から見ると、落ちている瞬間に両手を上げるなんて想像しただけで手のひらに爪が食い込んでしまう。たいていの場合、「そのスリルが面白いんだよ〜」と返されるのだが、もうね……単純にすごい！って思ってる。僕ができないことをこんなにも簡単にできて、楽しめているんだから羨ましくもある。

とはいえ、絶対にできないけど。だから、僕はこれからもジェットコースターとは適度な距離を取りながら生きていこうと思う。

サバイバルキャンプ

中

学校の生活に慣れて友だちができるようになると、学校行事などのイベントも楽しみになる。そんな僕が心待ちにしていたのは３泊４日の宿泊学習だ。友だちと泊まるのも、一緒にご飯を作って食べるのも、想像するだけでワクワクした。しかも、隠れ家感満載の屋外でのキャンプ！

リュックの中には、みんなと遊ぶためのトランプやＵＮＯ、お菓子や飲み物もしっかりと準備。楽しむための準備にぬかりはなかった。

初日は、あいにくの雨。だけど行きのバスに揺られながら、友だちとトランプをしていると現実感がなくて、ふわふわとした心地よい気分になってくる。夢の中で遊んでいるような、あの不思議な感覚。

目的地に着いたときには、本格的に雨が降りはじめ、信じられないくらいの豪雨となってしまった。……まぁまぁ、こういうこともあるよね。

そんなことを言っていられたのも、その日だけ。雨は3日間降りつづけ、次第にクラスメイトは虚無感に襲われていった。屋根のある場所で、友だちと一緒にご飯を作るのはかろうじてできたけど、みんな雨に濡れたくないから積極的には動かない。僕が想像していた宿泊学習とは全然違う。コレジャナイ。

さらに、楽しみにしていた屋外でのキャンプは、実際に中で寝てみると翌日背中がバキバキになっていた。この宿泊学習で僕が学んだのは「雨の日のキャンプは地獄」というなんとも内容の薄い学びだった。

ドズル社の仲間に「キャンプって楽しいよ〜！」と声をかけてくれる人がいるのだが、僕はこの誘いを断りつづけている。もし、雨が降ったらどうやって楽しめばいいのか分からないし、嫌な思い出がより強固になってしまう気がして。だけど、その人を見ていると本当に楽しそうだなって思うから、きっと僕の知らない魅力があるんだろう。最近は、グランピングからだったら始めてもいいかなと心が揺らいでいる。

CHAPTER.4

HON KAMO WAKARAN

メランコリーな日には

挫折しても腐ってはダメ

身バレ防止のため、部活名は伏せさせていただくが、高校3年間は部活に明け暮れた思い出ばかり。僕が入っていた部活では恋愛禁止だったので浮いた話もないし、高校生活のどこを切り取っても同じ映像しか出てこない。なんてつまらない高校生活を送っていたんだと思うかもしれないけど、僕はすごく充実していた。

平日も5時間練習して、休みの日はそれ以上の時間を割いた。遊ぶ時間をつくるくらいなら練習したい。そのくらい一生懸命部活にのめりこんでいた。割と僕のストイックな部分が前面に出ていた時期かもしれない。

高校3年間、誰よりも時間をかけたと思っているし、メンバーに選ばれる自信もあった。これ以上努力できないぞってところまでやったんだから大丈夫だろう。

しかし、高校最後の大会で僕はメンバーから外された。

これが、僕の人生史上一番の挫折だったと思う。とめどなく涙があふれ、自分の心がぐちゃぐちゃになっていくような感覚に襲われた。最後の大会に出られないなら、今までなんのために練習したんだよ。頑張ったからって、僕の努力は報われないのかよ。そんなふうに落ち込んでいるところに、副顧問の先生がやってきて言葉をかけてくれた。

「今回のことは残念だった。でも、腐ったらダメだぞ。腐ったらその瞬間に自分の努力はなかったことになる。努力が結果に結びつかない経験をしたなら、上手くいかないことがあると理解できる人間になりなさい。いつか絶対にこの経験が生きる日がやってくるから」

今でもつらいときにはこの言葉を思い出す。何があったとしても、あの頃に比べればつらくない。あの時のつらさは、確かに僕を支えてくれている。

082

抜けだせないゲーム沼

「なぁ、一緒にネットゲームしない？　めっちゃ面白いのがあるんだけど」

友だちの笑顔に誘われるまま、僕はシューティングゲームの世界へと足を踏み入れた。あの誘いがなかったら、おらふくんは存在しないのかと思うと、人生ってなにが繋がっていくのか予想できない。

初めてのネットゲームは想像していたよりもずっと面白かった。友だちと通話しながら、リアルタイムでやりとりすると緊張感がダイレクトに伝わってくる。

「やっべ、ダウンした！」

「ドンマイ!!　回復するからこっちまでこれる？」

友だちが焦っているときも分かるし、楽しい気持ちを共有するのも一瞬だ。

次第にゲームをする時間が友だちよりも長くなり、僕は一緒にゲームができる人をTwitter（現・X）で募集するようになった。自分と年齢の近い人たちが集まっていたものの、初めて一緒にプレイする人ばかりで、最初は少し緊張した。上手く話せるだろうか……と不安になっていたが、ゲームが始まればそんな気持ちは吹き飛んでいく。

自然に笑い、昔からの知り合いのように冗談を言い合える。ゲームでこんなに人と仲良くなれるなんて知らなかった。もちろん、ゲーム自体も魅力的だったけど、人間関係がこんなに広がるんだっていう驚きにも興味を持っていた気がする。

プロゲーマーへの道のり

ゲームにハマってからは、ゲームをすることが生活の一部になっていた。そして、僕はフォートナイトの大会に、ネットで知り合った友だちと出場することになった。

大会といっても、そんなに大げさなものではない。毎週末には参加自由の大会が開かれているし、ソロで出場するかチームで出場するかも自分で選べる。

参加者が制限されているような大会ではなく、すごくラフなものをイメージしてもらえると分かりやすいかもしれない。当時、一番成績が良かったときはアジアで200位くらいだったと思う。

ネットで知り合った友だちの中には、ゲーム配信者として活動している人もいて、その友だちがプロチームに入ろうとしていた。プロゲーマーは、スカウトや引き抜きという入り方以外にも、試験を受けて認めてもらえればチームに加入できる。

「ゲームで食べていけたらいいよなぁ」

漠然とした気持ちで、僕も一緒にプロゲーマーチームの試験を受けることにした。面接ではチームでどんな活動がしたいかを聞かれたり、チームに所属しているプロの人と対戦して技量を見てもらったり、そのチームで自分が活躍できるのかをチェックされた。結果は合格。

僕のプロゲーマーとしての生活が始まった。

勝つために必要なスキル

プロゲーマーになってから、生活自体が激変することはなかった。朝10時にゲームを始めて、週末の大会に向けてチームメイトや友だちと練習する。プロゲーマーになる前から、かなりの時間をゲームに費やしていたので、時間が長いと感じることもなかった。どちらかといえば余裕。

しかし、趣味でゲームをしているときと明確に違うこともあった。それは勝ちを意識すること。今までは誰かがミスしても「ドンマイ！　気持ち切り替えていこ！」と声をかければ、それで良かった。だけど、勝つためにはドンマイ！では終われないのだ。

ミスしたら、なぜ失敗したのかの理由を説明する。そのミスが起きないためにはどういう立ち回りをすべきだったのかを追求する。それは自分のミスだけではなくて、相手に対しても、冷静に客観性をもって指摘しなければならない。
チーム戦ということもあって、個人のプレイスキルだけでなくどこがチームの弱点になるのかもきちんと知る必要がある。どれだけ細かく状況を整理できるかによって、試合に勝てるかが決まってくるのだ。

僕がチームメイトに言われたことで覚えている言葉がある。

「必要な情報だけを瞬時に伝えて。いらない言葉を挟まないで」

通話をしながら連携を取るゲームなので、耳から入る情報がなによりも大事なのだ。チームメイトに正確に伝えようと思うあまり、言葉が長くなったりあいまいな言い回しをしていると、すぐに戦況は一転する。
自分の体力、持っている武器、どこに位置取りをするか、接敵しているかなど、その時々に応じて判断する瞬発力が求められるのもプロ特有のスキルなのかもしれない。

088

苦手を埋めて得意を伸ばす

短所を少なくするか、長所を伸ばすかって話は勉強でも運動でもよく話題になる。でも、プロになるということはどちらかひとつを伸ばせばいいわけではない。苦手なところはできるようになって、得意なところはより伸ばす努力が必要になる。かなりストイックな考え方だけど、どっちも伸ばさないと勝ちにはこだわれない。

僕の場合は、友だちとゲームで遊びはじめた頃、全然上手ではなくて足を引っ張ることのほうが多かった。自分のいるところが集中的に狙われて負ける。それが悔しくて、仲間の中で一番上手くなってやろうと思った。そのためにできることといえばひたすら練習すること。超シンプル。

練習するうちに、友だちのフォローにまわれるようになったりして、プレイスキルが全体的に上がってきた自覚も出てくる。

でも、いつだって上には上がいて、ちょっと自信がついたと思ったら、格上の相手にボコボコにされる。大会に出れば、こんなに強い人がいるんだって現実を突きつけられて、また勝つための研究が始まる。この繰り返しをひたすら続けるしかないのだ。

プロの中でもトップクラスをキープするには、努力以外の要素も必要なのかもしれないけど、ある程度は練習量で補える気がしている。大切なのは、練習するときにどういう時間のかけ方をするかなのかなと個人的には思う。

得意なことも苦手なことも、反復して練習することが不可欠だし、自分の特性を自覚しないと絶対に上手くなれない。僕は、エイムが得意だったけど、エリアの移動方法や建築、生き残るための戦略を考えるのが苦手だった。

だから、基本的には自分の苦手なことに取り組む。そして、自信がなくなってきたら自分の得意なことをやってモチベーションを上げる。自分が腐らないようにコントロールするのはけっこう大事だなって今でも思ってるから、競技シーンにいた頃から自分のモチベーション管理には気をつけていたのかもしれない。

なんとなく勝ちたいと思って練習するんじゃなくて、今日は３人連続で倒すまでやめないとか、自分がダウンする回数は２回以下に留めようって、ゲームを始める前に決めて対戦するのも意識していたことのひとつ。

接敵したときに焦って操作ミスすることも多かったし、１VS.１になったときに撃ち負ける確率も高い。だから、対戦で負けたかどうかよりも、自分で決めた目標を達成できたかどうかで成長を判断するのも大事なんだと思う。


それまで遊びだったゲームが、本気の戦いになった。趣味を仕事にしちゃいけないっていう人もいるんだろうけど、僕の場合はちゃんとその中でも楽しさを見いだせていたと思う。

もちろん、窮屈に感じることもあった。競技じゃなかったら気楽だったのになって思うこともゼロじゃない。それでも、今までできなかったことがひとつ身につくだけで練習して良かったって思える瞬間がある。

誰かに勝つことも気持ちいいけど、自分の成長を感じられるのは、それ以上に幸せだなって思った。

プロゲーマーって道を通らなかったら、勝ち負け以外の楽しさがあるって分からなかったと思う。それが分からなかったら、今の僕はドズル社でゲーム配信をしていなかったかもしれない。

不思議な縁の繋がりが、今の僕を作り上げている。

競技シーンに未練はない

年齢を言い訳にしたらかっこ悪いって分かってるけど、そのうえで理解してほしいことがある。

十代前半の若い子たちには勝てん‼

そんなに実力差が出るか？って思う人もいるだろう。だけど、これは間違いなくある。海外で生み出された技が広まると、当たり前のように競技シーンの人たちはテクニックを練習するようになる。

僕の場合は、ひとつの技を覚えるだけで2週間かかることも少なくない。一方、子どもたちは1日で自分のものにしてしまうのだ。さらに早い子は、見ただけですぐに実践できる。

2週間遅れでやっと技を覚えても、その頃にはまた新しい技が広まりはじめている。もうついていけない……。

ここまで圧倒的な違いを見せつけられると、いっそすがすがしい。あの頃、もう少しで追いつけそう……って時間を過ごしていたら、未練があったかもしれないが、そんな気持ちもない。

その後、できることはやったなと区切りがついたタイミングと、勝つ以外の楽しさを見つけられたタイミングが重なったこともあって、僕は競技から降りることにした。

将来が見えなくなった

大学生になると、就職について考える時間が増えた。しかし、選択肢がたくさんある中でひとつの職業を選ぶとなると、けっこう難しい。自分にはなんでもできるような根拠のない自信、その一方でなにもできないような無力感が同時にやってきて、もうなにがなんだか分からない。

僕は、中学校の担任に支えてもらったのをきっかけに、教師になりたいなと思っていた。しかし、教育実習に行き、先生の過ごす毎日をほんの少しのぞかせてもらううちに、自分の中で違和感を覚えるようになった。子どもの頃に自分が見ていた教師と、大人になって実際に経験する教師にはギャップがあったのだ。

生徒に分かりやすく勉強を教えるために、どういう工夫をするか。進路に悩んでいる子にどんな言葉をかけるのか。クラスでふざけている子がいたら、どの段階で声をかけるか。すごく細かいところまで考えていて、僕は自信がなくなってしまった。

そしてなにより、教員採用試験に合格しなければいけない‼　まぁ、この試験勉強が大変だったというのも大きな理由だ。

人になにかを教えたい気持ちはあったし、誰かの成長を見るのも好きだった。でもそれは、勉強とは関係ない〝教師〟の仕事に惹かれていたということ。子どもの成長を見守るためには、勉強を教えられないといけない。この大原則を大学生になって痛感したのだった。遅いよって？　どう考えても遅いよな（笑）。

大学で教育学について勉強してみたけど、知れば知るほど自分にできることなんてないんじゃないかって気分になってくる。

そうして次に興味を持ったのが、保育園の先生だった。勉強はできないけど一緒に楽しむことならできそうだ！　さっそくボランティアを募集していた保育園に行って、先生のサポートを体験。……しかし到着してすぐに難しい問題に直面した。

学校であれば時間によって何をするかは決められている。例えば、数学の授業をするときはみんなで数学を学ぶように。だけど、保育園では誰もが好きに遊んでいい。お絵描きをしたいならすればいいし、砂場で遊びたいならそれでもいい。ブランコや、ごっこ遊び、絵本の読み聞かせ……だけど、選択肢が多いぶん困った事態も起きてしまう。

ある女の子は、部屋の中でお絵描きをしたいと言う。
ある男の子は、砂場で遊びたいと言う。
また違う子は鬼ごっこをしたいと言う。

全員から、一緒に遊ぼうよと声をかけられていったいどうしたらいいのか分からなくなった。仕方がないので、10分お絵描きしたら次は砂場で遊ぼうねと声をかけると、お絵描きに興味のない子が泣きはじめる。砂場で遊ぶのを選んでも、鬼ごっこで遊ぶのを選んでも同じ結果になってしまって収集がつかない。
ある程度の年齢になれば説明して分かってもらえるけど、小さい子に言葉で理解してもらうのはなかなか難しい。泣かせたいわけじゃないのに、全然上手く伝えられないことに、もどかしさを感じた。

こんな感じで就職に迷走しているうちに、企業の会社員という選択肢も頭に浮かぶようになった。まわりの波に呑み込まれるように、スーツを着て企業説明会に行く。空いた時間にはエントリーシートを書いて、自己PRを考える。しかし、ふとした瞬間にある疑問がよぎる。

あれ？　僕の本当にやりたいことってなんだっけ？

自分の長所ってなんだっけ？

迷走した結果、僕は自分が何者なのか分からなくなってしまった。

シェアする友だち

僕は大学生のある時期、友だちと2人でシェアハウスに住んでいた。お互いに他人に干渉されるのが嫌だったから、迷惑をかけない程度に気軽に生活することだけをルールにした。

自由に過ごせるのは控えめに言って最高。だけど、それは人と距離を置くのも容易になる、ということだ。

就職に悩み、自分のやりたいことが何なのか分からなくなってから、僕は部屋に引きこもるようになった。自分が落ち込んでいる明確な理由もない。ただ、ずっと外に出たくなくて、人に会うのも億劫になっていった。ただ、息をしてボーッとする日々。まるで、時間が止まったようだった。

1ヵ月くらいそんな生活を続けていると、シェアハウスに住んでいる友だちがしびれを切らして僕の部屋へとやってきた。干渉しない、というルールを決めてから初めてのことだったから、よほど当時の僕は危なく見えていたのだろう。しかし、そんな様子を見せることもなく、友だちはいつもどおり明るく声をかけた。

「ドライブ行こうぜ」

外に出たくない僕は、当然すぐに断った。しかし、そんな僕の手を掴み、車へとなかば強引に押し込む。車内は重苦しい沈黙に包まれていたが、友だちは一切気にしていないようだ。しばらくすると、大型商業施設の駐車場へと車を停めた。

ここまで来てしまったら、降りないわけにはいかない。戸惑いながらも、友だちの後ろをついていくことにした。

「ここでいい？」

友だちが指をさした先には、しゃぶしゃぶ屋が見える。特段何も考えていなかったので、頷きを返して店内へと入った。席についてしばらくすると、友だちは落ち着いた口調で僕に話しかける。

「……口を出さないほうがいいかなって思ってたけど、お前の様子がおかしいから心配してる。言いたくなかったら言わなくてもいい。だけどあえて聞かせてほしい。……なにかあったんか？」

その言葉を聞いた瞬間、僕の目から涙があふれた。なぜ泣いたのかは今でもよく分からない。だけど、心の内側に溜め込んでいた何かが解放されたような気分になったのだ。

友だちの問いへの答えを僕は持っていない。ただ、自分の抱えているもやもやした気持ちを吐き出したくて、まとまりのないことを泣きながら話した。

就職が上手くいかない焦り。

部屋に引きこもって何もしていない自分への苛立ち。

友だちに心配をかけている情けなさ。

どれも、確かに自分の心にあったとは思う。しかし、自分が落ち込んでいる理由は絞れない。一つひとつの理由は小さなことだったとしても、積み重なると人間は追い込まれてしまうんだと、僕はこの時に初めて痛感した。

具体的に自分がどんな話をしたのかは、ほとんど覚えていない。きっと支離滅裂で要領を得ない内容だっただろう。しかし、心は少し軽くなり友だちはそれからも僕のことを外に誘い出してくれるようになった。


「今から河原に行ってBBQするで」

「一緒に映画見に行こうや」

外に行くのは嫌だったけど、強引に連れていかれるのは最初に誘われたときと変わらない。僕はただ静かに車に乗るだけで、目的地に着いてもぼんやりとしているだけだ。

それでも、今は無理やりにでも誘ってくれたのを心から感謝している。誰かを外に連れ出すのも、落ち込んでいる人間と一緒に時間を過ごすのも、正直めんどくさかっただろうなと思う。しかも、外に連れ出すと嫌な顔をされるし（笑）。

そんなことを繰り返しているうちに、僕は少しずつ外に出られるようになっていった。普通の生活に戻れたのは、彼のおかげだ。本当にありがとう。


今、こうして振り返ってみると、あの頃の僕は頑張ることに疲れていたのかもしれないと思う。小さい頃から知らないうちに〝頑張るのが自分のいいところ〟だと感じていて、頑張らないとまわりに認めてもらえないと思っていた。

次第に、頑張れない自分は存在価値がないのかもしれないと、勝手に自分を追い込むようになったんだろう。


だけど、何もできない僕を見ても、友だちは外へと誘い出してくれる。まるで、そのままでいいよと言われているようだった。弱いままでもいい、頑張らなくてもいい。そう思えたことで、僕はまたこの世界で生きていこうと考えられるようになった。

留学のきっかけは心理学

大学で心理学の授業を受けてから、人の心がどうやって動いているのかということに興味が向くようになった。例えば、なにかをグループで話し合うとき、日本人の場合は異なった意見を言いづらい空気になりやすい。しかし、まったく違う文化の人たちは異なった意見を出すのが当たり前で、自分の主張がないほうが恥ずかしいと思っているらしい。

文化の違いが、心理的な作用に繋がるとは面白い。同調圧力はなんで生まれるのか、ほかの国ではいったいどんな会話がされるのか。そんな疑問から、海外に行ってみたいと思うようになった。

大学の海外留学制度を利用して、僕は友だち5人と応募してドイツへと旅立った。しかし、結果からいうと1ヵ月くらいで日本が恋しくなって帰ってきてしまった。

大学で習ったはずのドイツ語は、自己紹介くらいしか力を発揮することができず日常会話なんて夢のまた夢。たどたどしい英語を駆使して、なんとか自分の話している内容を分かってもらう。これが精いっぱい。僕の体感だが、下手なドイツ語を話すよりも、下手な英語を話すほうが理解してもらえた気がする。

留学なので、当然授業もすべてドイツ語。なにを話しているのか分からないから、教室移動のアナウンスも聞き逃す。翻訳機を使っても、意味の通らない単語の羅列が出てきてしまって、ますます混乱していく。そして定期的に訪れる虚無。いや、虚無になるのはまだマシなほうだ。僕はドイツの街中を散策している途中で、迷子になった。知っているところまで戻ろうとしてみたが、焦りすぎて下手な英語すら出てこない。心の中で「あぁ……ここで死ぬのかもしれない」と本気で思った。言葉が通じないと死を感じるんだなぁと諦めモードに入っていると、遠くから「なにしてんの～?」という馴染みのある言葉が聞こえてきた。

僕の姿が見えなくなったので、どうやら友だちが捜しにきてくれたらしい。たった一言の日本語が、こんなにホッとするなんて。留学を経験して、自分の言っていることが他人に通じる幸せを実感した。

文化の違いに右往左往

文化の違いを知りたいと思って来たはずのドイツ。しかし、言語という文化の違いにぶつかってなかなか上手くいかなかった。シェアハウスは、同じ大学の友だち……ではなく、中国人の男性と一緒だったので、気軽に日本語で話せる機会もない。

夜になると、その男性が電話相手にものすごい勢いでどなっていた。内心、ビクビクしていたが、どうやら彼女と連絡を取っていたらしい。たどたどしい英語で「どうして怒っていたの？」と聞くと、「いや、全然。むしろすごく仲良く話してたよ」と言う。

頭の中が疑問符だらけになったが、もしかしたら普通に話している声の調子が、怒って聞こえるという文化の違いなのかもしれない。

ドイツの食事は全体的に味が濃く、どれもメイン料理のようなインパクトがある。味がしっかりしている料理を食べて、最初に思うのは「白米が欲しい」ということ。しかし、日本のお米とはまったく違う種類のお米の流通がほとんどなので、白米欲を満たすことはできなかった。とにかく米が恋しい……。

そんな中でも、僕が感動したのはソーセージ。今まで食べたどのソーセージよりも美味しかった。ぜひ、これからドイツへ行く人には食べてほしい！　ちなみに、黒ビールの味はよく分からなかった。黒ビールの美味しさが分かるにはまだまだ子どもだったのかもしれない。

街へ出てみると、建物の大きさや造りに驚かされる。普通のマンションなのに築100年を超えていることもあって、全体的に見ると日本よりも重厚感のある街並みが広がっていた。地震の少ない国だから保てる景観なのだろう。建物には細かな装飾品が付いており、散歩しているだけでも楽しい。

さらに、電車に乗った際にも発見があった。日本だと、電車の中ではスマホでゲームをしていたり音楽を聴いていたり、ネットで何かを見ている人が多いと思う。ほんの少しスマホから目を離して、車内を見回してみるとほとんどの人が手元にあるスマホを覗いている。それが日本の当たり前だ。

しかし、ドイツではそういった人が見当たらない。車内の人は新聞や本を読んだり、外をぼんやりと眺めたりしている人ばかり。新しいツールが広まったとき、自分の生活にどれだけ取り入れるかは、自分で決めているつもりだった。だけど、それすらも文化によって成り立っているのかもしれない。

ドイツでは金曜の夜になると、ほとんどの人が仕事を早く切り上げて、街へとやってくる。ビアガーデンやレストランのテラス席は活気に包まれて、まるでお祭りのようだった。

土日や祝日は、8割のお店が閉まっているところも日本とは大きく違う。土日には基本的にスーパーが開いてないので、金曜までに買い物をしておかないと休日は困ったことになってしまうのだ。日本では、毎日レストランが営業していて、スーパーが休むのは改装工事くらいでしかないだろう。正月ですら、最近は元日からお店を開けているところも多いので、ほとんど生活に影響はない。日本は便利な国だとは思うけど、もう少しだけ休みを取り入れてもいいのかなと思った。

トイレに関する文化の違いにも驚いたので、紹介しておこう。日本では出先のトイレにトイレットペーパーが備え付けてあるのが当然。しかし、ドイツではトイレットペーパーもないし、ペーパーホルダーもないところもある。

だから、みんな流せるタイプのティッシュを携帯してトイレに入るのが習慣になっている。もしも、ティッシュを使い切ってしまって手持ちがなかったら、いったいどうするんだろう。また、利用するのに有料だったりチップを支払わなければいけないのが基本だ。

言葉は通じなくても、その文化を体験するだけでも分かることがたくさんあった。1ヵ月で帰ってきてしまったけど、僕にとって海外留学はかけがえのない経験だ。

CHAPTER.5

HON KAMO WAKARAN

ルート
セレクト

やりたいものに出合えた夏

CHAPTER．5，6では、ドズル社での思い出などを書いていく。小学生の頃、「将来なりたいものは？」と聞かれたら「プロ野球選手！」と答えられていた。だけど、これからどうやって生きていくんだろうと現実的に考えるような年代になると、途端に答えられなくなってしまう。重要なことはなかなか決められないし、自分の選んだ道が正解だったのかが分からなくて、ただ時間だけが過ぎていった。

何度も自分自身に「お前が本当にやりたいことはなんだ？」と問いかけた。だけど、「コレだ！」と思える答えは見つからない。そんなことを考えていたある夏。僕に転機が舞い降りた。

きっかけは、Twitter（現・X）で一緒にゲームする人を募集していたドズルさんに、連絡を取ったこと。当時は一緒にフォートナイトをプレイして、その様子がドズルさんのチャンネルにアップされていた。

時間を忘れて自分の好きなことをしている時間は幸せだ。やっぱり、僕はゲームが好き。それは分かっているけど、ゲームを仕事にするなんて、当時の僕にとっては現実味のない話だった。プログラマーでもあるまいし。

しかし、その現実味のない夢が、ドズルさんから提案されることになる。

「一緒にゲームを楽しむ仲間を集めて、会社をつくろうと思っているんだけど、興味ない？」

正直な話、興味はあった。だけど声をかけられたとき、僕はフォートナイトを主戦場にしていて、ドズルさんはマインクラフトに目を向けていた。今からやったことのないゲームに手を付けても、まわりに迷惑をかけるだけだし、自分がそのゲームを楽しめるのかも分からない。自信が持てなかった僕は、悩んだ末にドズルさんの誘いを断ることにしたのだった。

福井のカズさん降臨

いつものようにドズルさんとフォートナイトで遊んでいたある日のこと。ドズルさんに紹介されるような形で、福井のカズさんと一緒に遊ぶことになった。カズさんと言えばゲーム界隈のレジェンド。あっさりと書いているが、僕にとっては話すのも恐れ多いくらいの人だ。

カズさんが初めてフォートナイトをプレイするということもあって、経験の多い僕を紹介してくれたのだが、あまりの出来事に僕は頭が真っ白だった。

まだ全然認知度の低い僕が、カズさんと一緒に遊んでいるだと……!?

そんなこと許されるのか?と思っていたが、どうやら気にしているのは僕だけのようだった。カズさんは気軽に話しかけてくれるし、僕の話もすごく聞いてくれる。本当に奇跡のような時間だった。

楽しい時間はあっという間に終わってしまったが、僕は感謝の気持ちを込めてフォートナイトの基礎的な知識をまとめた動画を何本か作ることにした。

カズさんは忙しいし、ドズルさんの紹介とはいえ1回プレイしただけなんだから、僕のことなんて記憶にも残らないだろう。動画を送っても見てもらえないかもしれない。だけど、それでも良かった。

しかし、カズさんは優しかった。すぐにその動画を見てくれたようで、動画の出来を褒めたおしてくれたのだ。……素直に嬉しかった。

もっと仲良くなりたい。

だけど、自分からゲームに誘うなんてできない。

当時、カズさんが朝活と称して4時から6時くらいまでの間、フォートナイトのゲーム配信をしているのを見て、僕は「コレだ！」と思った。自分から誘うことはできなくても、カズさんがゲーム内のロビーにいる僕を見つけてくれたら、声をかけてくれるかもしれない！　なんて他人任せな作戦だと思うかもしれないが、そのくらい遠い存在だったのだ。

時間を合わせすぎても不自然なので、朝5時に起きて何食わぬ顔をしてロビーへと参加。カズさんが僕のことを覚えていますように。そして、声をかけてくれますように……そう祈ること数分。

「あ！　おらふくんだ。一緒に遊ぼうよ！」

よっしゃああ‼　カズさんはまだ知り合って間もない僕に、優しく声をかけてくれた。次の日も、その次の日も、カズさんはパーティーに誘ってくれた。ここから、カズさんとの朝活が始まった。朝5時半に眠い目をこすりながら起きて、6時から7時までフォートナイトをすることが日課になっていった。

深夜にドズルさんとゲームをして遊び、3時間くらい寝て、カズさんの朝活に参加する。寝る時間は確かに少なかったけど、それよりも一緒に遊びたいという気持ちのほうが勝ってたから、大変だなんて思うことはなかった。

今では、なにかあったらすぐに相談できるくらいの関係になり、もう偶然を装う必要もない。そんなカズさんは、電話をかけると僕のことをいつも心配してくれる。

「みんな頑張りすぎてメンタルを壊してしまうから、自分の心は大切にね」

そうだ、心は壊れたらそう簡単に元には戻らない。見えないからこそちゃんとケアをしたほうがいいんだ。無理をするときがあってもいいけど、無理を続けない。

僕がつい忘れてしまうことを、カズさんはいつも思い出させてくれる。

ドズルのところで成長しなよ

ついに、ドズルさんのチャンネルからフォートナイトの投稿が消え、マインクラフト色に染まっていく。僕は心の中で、ドズルさんとの縁も終わってしまうのかな……と寂しくなっていた。一緒にゲームをしたあの時間は、やっぱり楽しかったし、自分の得意な分野じゃなくても笑いながらゲームができるんじゃないかとも思う。

そんな時、ちょうどドズルさんから連絡がきた。何気ない世間話をして、お互いの近況報告を済ませる。ついドズルさんに愚痴をこぼしてしまった。

「自分が何をしたいのか分からなくて……正直、人生に悩んでます」

あぁ、暗い話題を振ってしまった。これじゃ、気まずい雰囲気が流れちゃうよ、と思っていたが、ドズルさんはそんなこと全然気にしていない様子だった。

「それなら一緒にゲームやろうよ。おらふくんと活動したいよ」

1回断っているのに、なんで今回も誘ってくれるのか。そんなに僕のことを必要としてくれているのか？　頭を整理するために、僕はカズさんへと電話をかけた。

「ドズルさんからチームに誘われているんですけど、どう思いますか？　僕にはマイクラの知識や実績がないから、まわりの人に迷惑をかけるだけだって考えてしまうんですけど……」

まとまらない僕の気持ちに対して、カズさんは「大丈夫よ」と言った。その言葉を皮切りに、なぜそう思うのかを話してくれた。

「おらふくんは、トークもできるしゲームが上手になる素養もある。これからたくさんの出会いがあると思うけど、そういうものもきっと生かせるようになるよ。なにより、ドズルはいいヤツだから信用できる。あいつのところで成長しなよ！」

その言葉が僕の背中を押した。すぐにドズルさんへの返信を考える。

「ドズルさん、こんな僕で良かったらぜひお願いします」

今、思い返すとまるでプロポーズを受けたかのような返信だ。しかし、この時はまだドズルさんと対面で会ったこともないし、本名も年齢も知らないような状態だった。

もしかしたら、世間では素性の分からない人間を信用するのは良くないことなのかもしれない。だけど、本名や年齢とはまったく関係なく、僕をクリエイターとして選んでくれたことが、〝ひとりの人間〟として評価されている気がして、すごく嬉しかった。

ここでようやく、両親にYouTubeで生計を立てることを報告。応援してくれるか反対されるかは五分五分だった。生唾を呑みながら返答を待つ……すると。

「全然良いんじゃない？　好きなことをやれるのって若いときしかできないし、歳をとったら体力的にもできないことって増えるでしょ。たとえ失敗したとしても、5、6年の寄り道くらい取り戻せるから。やりたいことがそこにあるなら、やってみなさい」

……え？　めちゃくちゃ理解あるやん。

拍子抜けするほど簡単に話は進み、僕はドズルさんの下で活動することになった。

マインクラフト初心者

ドズルさんと一緒に活動する前に、僕は心に決めたことがある。それは、絶対に途中で投げ出さないこと。自分が知らないものに触れるなら、分からないことや上手くいかないことがあるのは当たり前。それを見た人に、なにか言われることも当然だから、たとえ落ち込んだとしても投げ出さない。

そんな気持ちで始めたマインクラフトは、なにもできなかったと言ってもいい。目の前にあるチェストすら開けられずに、調べてはゲームに戻り……の繰り返し。全然前に進んでいる実感がない。

ドズル社にはマイクラの上手な人たちが集まっていることもあり、その差は歴然。撮影を始めたらその差に落ち込むことも多かった。もちろん、最初から上手にやれるとは思ってなかったけど、足を引っ張っているのが自分だって突きつけられるのはけっこうつらい。

みんなと探索に行っても、自分だけが死んでしまう。僕がみんなのところに戻るまで、画変わりのしない動画を雑談で繋いでくれる仲間たち。マジで申し訳ない。だけど、早く行こうと思えば思うほど、デスループを繰り返し、視聴者からは「なんでこんなにマイクラができない人がやってるの？」とコメントをもらうこともあった。

それでも続けられたのは、やっぱりメンバーのおかげ。落ち込んでいるときに、「大丈夫だよ」と励ましてくれたり、自分がやりたいこともあるのに時間を使って僕に何時間も教えてくれた。

メンバーのみんなは、できない僕を見てバカにすることもないし、かといって子ども扱いもしない。メンバーがみんな優しくてあったかいから、居心地よくゲームができているんだろうなと、確信を持って言える。

貪欲に上を目指す

YouTuberが会社員と大きく違うところは、基本的に上司がいないことだと僕は思っている。もちろん、先駆者と呼ばれる先輩たちはたくさんいるけど、そういう人たちが僕に対して「これをやれ！」と言うことはないし、撮影する動画や編集もすべて自分の判断で決めていい。

だけど、決まっていないからこそ難しい部分もあって、何が自分の動画配信スタイルに合っているのか、より多くの人に見てもらうにはどうしたらいいのかは、簡単に答えが出るものではない。

ほかの誰かにとって最適な配信スタイルが自分に合うとは限らないし、ただ時間をかけて自分と向き合うしか方法はないんだろうなと、最近は思うようになった。

今でも、自分自身の強みは模索中。自分にしかない武器ってなんだろう？と考えながらも、とにかくゲームを楽しむということだけは忘れないようにしている。

YouTubeで目安にされる視聴者数とか、再生回数みたいな目標は確かに分かりやすいけど、それでは満足できないんだと分かったのも大きかった。

実は、登録者数が10万人になったらゆっくりしたペースで動画を投稿しようとしていた。この時の僕は、内心10万人いったら達成感に包まれるはずだと考えていたのだ。

その目標のために、燃え尽きるほど動画に熱を入れ「もうやり残したことはない」と思えるくらいにやり切った。しかし、気がつけば「いや、まだやりたいことがある」とアイディアが湧いてきて、次々に仕事の予定を入れていた。

30万人を超えても、40万人を超えてもその熱は収まることなく、今も活動を続けている。見てくれる人が増えれば、企画の幅も広がるし、コラボする人も増える。すると、人との出会いで生まれる盛り上がる瞬間も、絶対的に増えていくのだ。

僕の中で、貪欲に上を目指すというのは、人生で楽しいと思える時間を更新していくということなのかもしれない。

スタッフのおかげで輝ける

僕

たちを支えてくれるスタッフは、みんな仕事のできる頼りになる人たちばっかり。例えば、僕が企画についての相談をしたときも「おらふくんのキャラクターに合わせるなら、一緒にこういう企画をやってみるのはどうですか?」と提案してくれる。これがめちゃくちゃありがたい。

正直な話、言われたことを言われたとおりにこなすほうが、遥かに楽だと思う。たぶん、そのほうが人間関係がギクシャクすることもないし、企画について自分の頭で考える必要もない。それもひとつの働き方なんだろうと思う。

でも、僕は向上心のあるスタッフさんを見ていると、負けてられないなって気合が入る。表に出ている僕たちと同じくらいの熱量をかけてくれるから、お互いに頑張ろうっていう素敵なサイクルが生まれるんだろうな。こんなふうに、僕がおらふくんとして輝けるのは、視聴者のみんなの目には映らないスタッフさんが、支えてくれるおかげだったりする。

そんなスタッフから僕が注意されること。それは、休んでください！という超シンプルな内容だ。僕は、自分でも気がつかないうちに無理をする傾向があるらしく、スタッフの人によく声をかけてもらっている。この声かけもすごく助かる。

自分のテンションが落ちているときに動画を撮影しても、納得のいくものにならないことが多いし、実際に休みを入れて気持ちを切り替えると、動画のクオリティーが上がるのだ。

だからこそ、僕はスタッフの人が声をかけてくれたときには、素直に休みを取るように心がけている。僕が頑張りすぎないように、僕が頑張らなきゃいけないときに力を発揮できるように、スタッフは僕のことを助けてくれている。

ドズル社の素敵な仲間たち

ここで、いつもお世話になっている仲間たちについて紹介しよう。家族と同じくらい大切で、今も〝青春〟を感じられているのはメンバーのおかげ。

困ったときに相談に乗ってくれる人、多くを語らずに癒してくれる人、技術を余すところなく教えてくれる人、恥ずかしい話も聞いてくれる人など、とにかく魅力的な人ばかり。

ドズル

ドズルさんは、いつもメンバーのことを考えてくれている。配信を見て少しでも元気なさそうだなって思ったらすぐに連絡をくれるし、相談したいことがあるんですけど……って言うと、絶対にその日のうちに話す時間を作ってくれる。ドズル社を立ち上げたときから、5人全員がやりたいと思うことしか実行しないというのを決めていて、ひとりでもやりたくない人がいたら、その企画は却下されるというのも、メンバー思いだからこそできたルールなんだと思う。

そしてなによりすごいのは、答えを一緒に見つけてくれる天才ってところ。今までにも、自分の強みが分からないとか、どうやって頑張ればいいのか分からないって相談したことがある。たぶん、この質問をした時点でドズルさんは正解を出せて

いると思うけど、その正解を僕に考えさせてくれるのだ。

その方法は、僕が何に引っかかっているのかを、僕自身が言語化できるまで辛抱強く待ってくれるというもの。僕の悩みに対してストレートに答えを導くのではなく、「活動しているときに何をしていると幸せ？」とか、「どういう自分になりたいの？」と聞かれているうちに、僕自身の中で整理して言語化できるようになっているのだ。

そうやって言語化する訓練をしていると、ひとりでいるときに悩んだとしても、自分が何にモヤモヤしているのか明確に分かるようになった。理由が分かると、大したことではないなって思って気持ちがスッキリしたり、今悩んでも仕方ないことだなって判断ができるようになる。

ドズルさんに「おらふくんなら大丈夫だよ」って言われると、心から大丈夫だって思えるから、僕にとっては精神安定剤のような存在かもしれない。

ぼんじゅうる

ぼんさんの第一印象は、ポジティブで元気な人。話してみても動画の印象とほとんど変わらない。だけど、誰にでも優しい一方で、ぼんさんは自分に厳しいのかなと思うときもある。厳しいというより、根性があるっていう表現のほうが近いかな。

ある時、ぼんさんの生放送企画で「やり遂げるまで終わらない」というのがあった。なかなかハードな企画だなと思いつつ、仕事の合間に覗いてみるとまだやっている。そろそろ24時間が経過するという時間になっても終わる気配がない。僕はそのままベッドにもぐりこみ、速攻で眠りに落ちた。

そして次の日の朝……8時に目を覚まして、ぼんさんの配信を見てみると……まだやっていた。「ぼんさん、めっちゃ頑張るやん！」と思いながらも、僕はまたもや睡魔に意識を持っていかれた。そして、僕が二度寝から目を覚ました昼頃……まだ

やっている！

僕は、ある時「なんでぼんさんはそんなに頑張れるんですか？」と聞いたことがある。

「人生の中で、今が一番頑張り時なんだよね」

そう言って笑うぼんさんは、すごくかっこ良かった。これは、僕が勝手に思っていることだけど、後輩が話に入りやすいような空気を作ってくれて、いつもフランクに話しかけてくれるのも、これまでの人生経験が生きていてのことかもしれない。年上なのに、絶対に威張らない。だけど「どうせ自分なんか」って思ってるわけでもない。このバランス感覚がとても心地よい。

あ、そうそう。最近、ぼんさんに相談したらこんな答えが返ってきた。

「いや〜、まあね〜。きっと時間が解決してくれるよ〜」

薄味な返事だったけど、なんだか心が軽くなって癒された気がした。こういう温度感が良いときってあるよなって、しみじみとする時間を生み出すのがぼんさんの魅力でもある。

おんりー

端的に言うと、僕を見つけてくれた人。ドズルさんがフォートナイトを一緒にする人を探していた、というエピソードは前にも書いたとおりだが、実はこの時に僕を選んでくれたのはおんりーだった。

ドズルさんは当時フォートナイトに詳しくなかったので、どういう相手がいいのかをおんりーに相談。おんりーは僕の配信を見て、この人だったら良い動画になりそうという視点で選んだらしい。もし、たくさんの応募の中で選んでもらえなかっ

たら今、僕はこの活動をしていないだろう。

おんりーは人生2周目かってくらい、とにかく人間としてできあがっている。マイクラのRTA走者で日本一の記録を出したこともあるのに、マウントを取ったりしない。もし、自分が日本一の記録を持っていたら、技術を見せたくなってしまうしすごいって言われたくなるだろう。調子に乗ってしまう未来しか見えない。

しかし、おんりーは人生2周目なのでそんなことはしない。自分の得た知識や、テクニックをすべて教えてくれる。自分が苦労して身につけた技術も、「全然いいよ」と丁寧に説明してくれるので、マジで詐欺にあわないでほしいと心配している。

マイクラだけでなく、動画への向き合い方もすごい。1本のショート動画を作るために3時間かけて撮影しているというのだ。ひとつのものをこんなに真摯に作っていると知ったら、技術だけの人ではないと分かってもらえるだろう。努力家で、実力も兼ね備えた男。それがおんりーだ。

おおはらMEN

マイクラ歴10年以上のイケボな兄さん。マイクラの建築についてひとつ質問すると、無限に説明してくれる。たぶん、僕がストップをかけなかったら今でもずっと話していると思う。

初めて一緒にゲームをしたのは意外にもフォールガイズ。一緒に1位になるまでやろうぜ～！と盛り上がって、その日の終わりには自然にタメ語へと変化していた。

ほかのメンバーにはあまり話さないけど、MENには個人的な悩みなども相談している。というのも、MENはかなりの聞き上手。話を適当にあしらうわけでもなく、かといって無理に聞き出そうとはしない。ちょうどいい関係だ。

MENを一言で表すなら、生粋のゲーマー。休日も、自分の好きなゲームをガッツリするほど、のめり込んでいる。そしてなによりすごいのは、どんなゲームでも手を出したら絶対にエンディングを見るまで終わらないということだ。

ゲームをする人なら分かると思うが、自分に向いているゲームばかりに出合えるわけではない。少し手を出してみて、「なんか違うな」と思うこともたくさんある。きっとMENにもそういうゲームはあるだろう。それなのに、すべて完走するというのは努力以上にゲームへの愛を感じるところだ。

だからこそ、MENが面白いというゲームは信用できるし、話の流れでゲームの小ネタを教えてくれることもあって、めちゃくちゃ話が盛り上がる。

メンバーの年齢がバラバラだと「話が合わなそう」というイメージがあるかもしれないが、全然そんなことはない。お互いに尊敬できて相手を思いやる気持ちを持っていれば、信頼関係はちゃんとできる。

人生に悩んだ時期を経て、僕は今最高に幸せな時間を過ごしている。あの時、ほかの選択肢を選んだほうが良かったと考えたことはないし、この道で間違いなかったと思っている。

見てくれている視聴者のために、そして未来のために、ドズル社は挑戦しつづけている。早くみんなに発表したいことが、次々にやってくるこの場所は最高にワクワクする環境だ！

CHAPTER.6

HON KAMO WAKARAN

ログインして始まる日々

生配信中毒者

僕は動画投稿をメインにしているから、正直そこまで生配信にこだわらなくてもいいスタイルだと思っている。実際に動画投稿を見てもらえるだけで、すごく嬉しい。でも、僕はどうしても生配信をやめられない。

視聴者のコメントを読んでいるうちに、話が盛り上がって予想もできない展開になっていくときや、アホみたいに爆笑している時間、なによりも視聴者と一体になって楽しんでいる実感。そういうアドレナリンが出る瞬間が気持ちいい。コメント欄がブワーッと流れて、みんなが盛り上がっているのをリアルに感じられるのは、生配信ならでは。

これは神回だなと思えるのは、年に3回くらいしかない。だけど、その3回を求めて生配信をしているところもある。マジで一度味わったらやめられない。

動画投稿の場合は、この発言危ないな……と思ったらカットできるし、すごく整えられた状態で投稿できる。でも、生配信はその瞬間にしか生まれない空気感が発生するのだ。もちろん、カットできないので危ない部分もある。だけど、その危ないところギリギリに行かないと見つからない面白さもあると思っている。

生配信は良くも悪くも人間味が出やすい。リアルなやりとりなので、発言の瞬発力も試される。どこまでが冗談として通じるか、人を傷つけないかを判断して、面白さも追求するのは本当に難しい。

僕の場合は、落ち込んでいるときに配信すると視聴者にすぐバレてしまったり、疲れているときも伝わってしまって、心配するコメントが流れることがある。だけど、そのぶん、自分が楽しいときも伝わるし、距離感が近いのを喜んでもらえることもあるから、やっぱり生配信はやめられない。

ファンレターを力にかえて

動画を見てくれている視聴者は年齢層が幅広く、小学生や中学生もけっこう多い。ファンレターをいただくのも、最近では自分よりも若い世代のほうが多いのかもしれない。

近況報告をしてくれる人や、動画の感想を書いてくれる人、悩みを打ち明けてくれる人……内容はさまざまだが、どれも僕のモチベーションに繋がっているのは間違いない。

詳しい内容は伏せるが、先日とても嬉しい内容のファンレターをいただいた。とある中学生からで、僕よりも長い間学校に通えない時期を過ごしていたらしい。読み進めるうちに、小学生の頃の自分と同じような気持ちを、この瞬間も抱えているんじゃないかと心配になったりもした。だけど、それは杞憂だった。

しんどくて学校に行けなかったけど、おらふくんの動画を見て、また学校に行ってみようと思った。学校でおらふくんの話をしたら興味を持ってくれた子がいて、今ではその子と友だちになったよ。

学校に行くだけじゃなくて、友だちもできてる！　本当に良かった。そして、嬉しいことに僕の存在がきっかけになって、関係性が深まっている……。

そういう報告をもらうと、心から配信者をやっていて良かったなと思う。誰かの力になれたのかもしれない、という気持ちは大きなパワーになって僕自身に返ってくる。

僕が楽しいと思うことをして、見てくれた人が前向きになれる。
視聴者の前向きな姿を知って、僕もまた楽しいことをしようと思う。

それって、すごく素敵なサイクルだと思う。

14

僕を狙うスナイパー

ファンアートを見ていると、中には小さい子が頑張って描いてくれたものがあったりする。ひらがなを覚えたてなのか、よく見ると「あらふくん」と書いてあるのを見つけて、ほっこりした気持ちになる。

ある日、ドズル社のポップアップストアに行ったときのこと。小学生くらいの子が缶バッジのカプセルトイを回していた。その子はカプセルを開けると、それなりに大きい声で「おらふくん出たぁ！　やったぁ！」と笑っていた。

その様子がかわいすぎて、マスクの下でニマニマしている僕。声を出さないようにするのが本当に大変だった。

たぶん、僕は子どもが好きなんだろう。僕やドズル社に関係なくてもかわいいなと思う瞬間はいくらでもある。

大阪から東京に戻る新幹線の中で、真ん中にある3人がけのシートに座っていたときのことだ。僕は投稿したマイクラの動画をスマホで確認していた。

すると、隣に座った5歳くらいの女の子が横からのぞき込んで、食い入るように見つめている。子どもの隣にいるお母さんが注意しても、まるで耳に入っていないようだった。

僕がその女の子に「一緒に見る？」と聞くと、顔がパァーッと輝く。コクンと小さく頷いたその子に、画面が見えるよう調整して一緒に動画を見ることにした。欲求に忠実な子どもを見ていると、教えられることも多い。僕もこんなふうにゲームを楽しもうとか、僕の動画を見てくれている子どもたちは、こうやって見ているのかなと想像したり。

子どもたちは、僕の胸を簡単に撃ち抜いていく。こんなに幸せな気持ちになるオーバーキルはそうそう経験できないだろう。

楽しい気持ちは近くにある

いろんなゲームを体験していると、「これは自分にハマりそうだな」と感覚で分かるようになってくる。だから、直感的に面白そうと思ったものに惹かれるし、実際にのめりこむことも多い。

しかし、自分が把握できていない面白さというのもあって、体験してみる前は「そんなにハマらなそう」と思っていても、少し触れてみるだけで価値観が変わることもある。

魔女の家やIbという2Dホラーゲームに触れたときがまさにそれだった。最初に見たときにはそこまで惹かれなかったけど、今では僕の好きなゲームタイトルにランクインしている。

ちなみに、僕は2Dホラーゲームが好きだけど、ホラー映画は苦手である。僕の中で、この2つは似て非なるもの。分かってもらえないかもしれないが、ゲームは基本的に自分の動作と連動して何かが起こる。しかし、映画は自分の行動に関係なくひたすら受け身でいなければいけない。それが苦手なのだ。

しかも、先ほど紹介した2つのゲームタイトルはなによりもストーリーが魅力！ただ怖がらせるだけじゃなく、しっかり謎解き要素がありすべての点と点が繋がったときは思わず声が漏れた。

一見、苦手そうなものでもジャンルが違えば好きになることがある。この経験のおかげで、僕はゲームを選ぶときに少し広い視野で選べるようになった。おそらく、自分が気付いてない〝好き〟は僕のまわりにまだまだあるだろう。

それまでの経験を大事にするのはもちろん大事。でも、それだけじゃなくてたまには自分の苦手な分野、興味のないジャンルにも手を伸ばしてみると、思わぬ出合いがあるかもしれない。

安定した生活はひとつじゃない

YouTuberをはじめ、動画投稿者と呼ばれる仕事が安定していると考える人は少ない。僕もそう思う。この仕事で食べていけるのか？という心配はあったし、それは人気がなくなれば生活できないという切実な問題に直結するからだ。

ドズル社は「好きを仕事に」というモットーを大切にしている。自分でも好きなことを仕事にできているなと思うけど、それは嫌なことがまったくないという意味じゃない。誰かのコメントに落ち込んだり、動画が上手く撮れなくてへこんだり、自分の能力が足りなくてまわりの人をイライラさせてしまうこともある。

だけど、好きなことを仕事にしても嫌いなことを仕事にしても、嫌なことが起こるなら好きなことをしていたい。今のメンバーと活動できているだけで、僕はやりがいを感じるし、人と繋がる温かさが得られる。一緒にゲームを頑張ろうと言える仲間がいて、青春のように過ごせる毎日がある。

たぶん、僕が求めた安定はお金でもなく休日が取れることでもなく、好きな人たちと好きなことをしたい。それだけだったんだろう。


仕事に求めるものは人それぞれ違う。給料が最重要という人もいれば、週休2日はマストだと考える人、やりがいがあればそれでいいと思う人、17時には退勤して家族との時間を大切にしたい人もいる。

それに、ひとりで作業するのが好きな人もいればみんなと一緒にワイワイ仕事するのが好きな人もいる。チームリーダーになりたいとか、支える側にまわりたいとか、細かく見ていったらキリがないと思う。

だから、何を大切にするか、人生はどうやって安定するのかは自分で決めていいことだと思う。ほかの人が「それは安定してないよ」と言っても、自分がそれでいいと思えたら気にする必要なんてない。

生活が安定することも、気持ちが安定することも、時間的な余裕ができることも、見方は違っても全部安定なんだから。

自分にとってなにが大切なのかを見つけるためには、とにかく行動してみるしかない。僕の場合で言うと、学校の先生になりたかったけど実習に行って自分に向いてないかもと思ったこと、その後保育士を考えてみたけどこれも違った。会社員も考えてみたけど、なんかしっくりこない。

だけど、それは行動しなければなにひとつ得られなかったことだと思う。もしも、経験しなければ「学校の先生になれたかも」と人生のどこかで後悔していただろう。僕が今、後悔していないのは自分には合わないと諦められたからだ。

自分に向いていることを見つけるのも大切。だけど、自分に向いていないことはなにか、やってみてこれは違うなと思うことは何かを知ることも、きっと自分の大切なものを知るきっかけになるはずだ。

学校の先生になるための勉強は、今の仕事に生かせていないしまわりから見たら無駄な時間を過ごしたと思うだろう。だけど、「これは違う」と思えたことは僕の人生に役立った。そして行動してみないと分からないと理解できたことも。

人生に悩んだら、なんでもいいから行動してみよう。それが、僕からできる唯一のアドバイス。

152

失ったものと得られたもの

僕は好きなことを仕事にしている。しかし、だからこそ失ったものも確実にある。まずは、毎日同じ時間に起きる習慣がなくなった。知り合いのYouTuberたちは、9割以上が同じような生活をしているが、残りの1割くらいは規則正しい生活をしているらしい。

ある程度自由に時間を調整できるんだから、朝はゆっくり起きたらいいのに、と思い理由を聞いてみると「人間らしい普通の感覚を失いたくないから」とのことだった。み……耳が痛い。

個人的には、朝起きられないことよりも、土日や祝日がきても嬉しいと感じなくなったことが寂しいなと思っている。明日から休みだ！という喜びはなくなってしまった。休みの日も仕事をするし、むしろ夏休みなどのまとまった休暇に合わせて動画の投稿ペースを増やしているので、みんなが休みの日こそ忙しいのだ。休み、という区切りがないので、自然と曜日の感覚もなくなってしまった。「今日は体育ある〜！」と喜んでいた日々が、眩しくて目に染みる。

僕は最近でこそ休みを取るようにしているけど、月に1〜2回しか休みを取らずに活動していた時期もあった。もし、それだけを聞いたら「超ブラックな働き方じゃない？」と思うかもしれない。だけど、そんな気持ちは全然ない。

自分でやりたいと思っていることだし、なにより自分で決めたことだから。他人から押し付けられてやらされていたら相当キツいと思うし、好きなことじゃなかったらすぐにやめていると思う。

例えば、自分の趣味に没頭しているときって、退屈な瞬間のように「まだこれしか時間経ってないのか……」ってがっかりしないと思う。絵を描いたり、歌ったり、スポーツしたり、そういう時間を過ごしているのと変わらないのかもしれない。

趣味だったとしても、もっと上手になりたいって気持ちがあって、そのために動画を見て研究することもあるはず。上手くいかないなってモヤモヤして、思ったとおりの結果に繋がらないよって悲しくなることもある。だけど、それって全然ブラックな時間の使い方じゃない。ただ純粋に好きなものを追いかけているだけ。

休みは失ったかもしれないけど、それよりも大事なものを僕は視聴者のみんなからもらっている。たくさんの人に自分の活動を見てもらって、ダイレクトにみんなのコメントが読めて、「嬉しい」とか「ありがとう」っていうポジティブな気持ちがまっすぐ伝わること。これが僕のやりがい。

仕事で疲れていたり学校で嫌なことがあったりしても、僕の動画を見たあとで、気持ちがちょっとでも軽くなっていたらいいなって思う。

それは、たった一瞬笑顔になることかもしれないし、僕が真剣にプレイしている動画を見て感じることがあるかもしれない。劇的な変化はないかもしれないけど、何かが動くと信じて僕はこれからも配信を続けていきたい。

動画投稿者としては、毎日見てくれ〜と言うのが正解なのかもしれないけど、一生懸命追いかけつづけるのもしんどくなってしまうと思う。だから「最近見てないけど、おらふくんの動画たまには見てみるか」ってくらいの軽い気持ちでいいので、これからも動画を見てくれると嬉しいです。

ストレスに敏感であれ

僕は、活動を少し休んで、ストレスとの向き合い方について考えていた時期がある。いつも意識しているのは「人に好かれるのを諦めること」。ただ、自分を好きになってくれた人には、自分の限られた時間を使おうと心がけている。諦めるといっても、決して投げやりな気持ちではなく、前に進むための考え方だ。

そんな心がけをしている僕にも、心の余裕がなくなる時期がある。いつもは気にしないのにその日はなんだかイライラしている……というのがこの時期の特徴だ。「面白くない」というコメントを見ても、いつもなら「次は面白くしよ！」と前向きに考えられるのに、気分が乗っていない日は「なにが面白くないねーん‼」と引っかかってしまう。なぜか、この気分の変化は季節や周期が関係しているみたいで、特に梅雨の時期や秋に入ったあたりにやってくる。

これをしたら絶対ストレスが発散されるという明確なものがないから、僕にできるのはただただストレスの波が小さくなるのを待つことだけ。その間に、なるべくその波を感じないようにほかのことに目を向ける。

最近取り入れているのは、2日間チートデーを設けてその間は好きなものを食べつづける。ある日は、ラーメンからの焼肉に行って、寿司でフィニッシュしたこともあった。食べている間は集中していられるし、ご飯を食べたら眠くなる。こうやって少しでも嫌なことを考える時間を減らしていくと、だんだん元に戻ってくるのだ。

すぐに気分が戻らない日もある。

いつもより傷つく日もある。

大切なのは、自分の気持ちが整うまでの間に、倒れてしまわないことだと思う。

僕のやめられないクセ

やめられないクセというものが皆さんはあるだろうか。僕は動画投稿をするようになってから、YouTube分析が日課になってしまった。本来だったら、ただ見て楽しいと思うだけで十分。だけど、仕事の目線が入ってきて「最近はこのゲームが流行っているんだな」と、自分の動画がより良くなるための情報集めをする思考になるのだ。

それ以外にも、日常生活でついつい配信者の僕が出てきてしまうことがある。例えば、飲食店に行ってオーダーをお願いする時に、声を張って「すみませ〜ん！」と店員さんに声をかけるのだが、動画で出している声量がポロッと出てしまうと、瞬間的に「しまった！」と焦ってしまう。

ドズル社のメンバーとご飯を食べに行くときも、仲間と一緒にいて気が緩んでいるのか、動画のテンションで笑い声をあげてしまう。メンバーからは「おらふくんの笑い声は特徴があるんだから……」と小声でそっと言われて、気を引き締めることも日常茶飯事だ。

配信者の活動とはまったく関係ないが、僕が昔からやってしまうことがある。それは、絶対にこれからお腹が痛くなると分かっているのに、タンブラーに氷を入れるのをやめられないのだ。飲み物はキンキンに冷えていてほしい、というこだわりによって、僕のお腹が犠牲になっている。かわいそうに。

タンブラーと氷が触れあって、カランコロンと気持ちのいい音が鳴ると、ちょっとだけ自分のテンションが上がるあの感じ……みんなにも分かるだろうか。

こうして並べてみると、ついやってしまうことが良い方向に働いたり、困った方向に働いたりするみたいだ。だけど、それも含めて僕。これからも、そんな僕と上手に付き合っていきたいと思っている。

楽しまないのは最大の罪

ドズル社で活動をするようになった僕は、当然みんなでマインクラフトをプレイするものだと思っていた。だが、ドズルさんは僕が想像もしていない言葉をかけた。

「たくさんの人と交流してしごかれておいでよ。例えばAmong Usとかどう?」

子どもの頃からずっと人見知りで、一番初めに挙げる自分の欠点なのに、まったく知らない人に交じって議論するなんて……絶対にできるわけない！　ドズルさんのことだから、何か考えてくれているんだと思ったけど、子どもが『はじめてのおつかい』に行くような心持ちだった。

Among Usは簡単に言ってしまえば、議論によって犯人を見つける人狼ゲームだ。クルーと呼ばれる村人役と、数名のインポスター役（人狼）の2陣営に分かれて、自軍が勝利するために議論を重ねていく。

僕は、大人数の前で話すのも苦手で、みんなが話しているところに割って入っていくのも気が引ける。そうやって会話に参加できないでいると、すぐに吊られてしまい、僕が振り分けられたチームは、ことごとく負けを重ねていった。

さらに、自分の中で心苦しかったのは人を騙さないといけないところ。インポスター側に選ばれたとき、初対面の人に嘘をついたりキルしたりするのが申し訳なかった。上手く最後まで残れるかという気持ちと、嘘をつく罪悪感で胃が痛くなって、薬を飲んでから参加したこともあるくらいだ。

議論はすぐに上達するわけでもないし、ひとりで練習できるものでもない。僕はとにかくほかの配信者の足を引っ張らないようにしようと、それだけを考えていた。

そんな様子を感じ取ったのか、何度かご一緒している先輩配信者の高田さんからひとつのアドバイスをもらった。

「自分のチームが勝つか負けるかなんて関係ないよ。議論をするゲームだから、積極的に参加して、楽しんでいればそれでいい。自分の意見があるのに他人に流されているように見えるのが、おらふくんのもったいないところかな」

そういう視点でまわりの配信者を見てみると、確かにみんな自分の意見を曲げずにぶつかりあっている。誰かを責めることも、嘘をつくこともエンタメへと昇華してこのゲームを楽しんでいたのだ。

ゲームには勝敗を決めるものが多い。だから、つい勝ちにこだわったりしてしまうけど配信するときにはそんなこと二の次でいいんだ。吊られたって現行犯で見つかったって、みんなが笑って楽しめたらそれでいい。

勝ち負けにこだわって「僕のせいで負けてしまってすみません」って落ち込んで

いる配信者と一緒にプレイしても楽しいわけない。この時の僕が犯した最大のミスは負けつづけていたことではなく、楽しむ気持ちを忘れていたことだ。

その後もコラボ配信は続き、結果的に50人以上の人たちと交流することができた。自分の意見をハッキリと主張して、簡潔に相手へと伝える技術が身についたのもこの武者修行のおかげだ。

マイクラの実況も、クロストークに発展することが多く、言葉だけで面白さを伝えないといけない。あの時、ドズルさんが「しごかれておいでよ」と送り出したのは、勝負ごとではないゲームの楽しみ方を知ってほしかったからなのかな〜……と今では思っている。

モチベーションの育て方

毎日同じくらいのモチベーションで活動できたらベストだけど、なかなかやる気が出ないときはある。そういう時に無理して配信しても、あまりいい結果にはならないことを、僕は活動を通して知った。

自分の性格的に、テンションが分かりやすく変化してしまうのも大きな理由のひとつ。気分が乗っていないと、視聴者さんやメンバーに「元気ないね？」と言われることもあった。だから、最近はモチベーションが下がっているときにはしっかり休むようにしている。

やらなきゃいけないことが増えてくると、どうしても焦ってしまうからスケジュールが詰まってきたときこそ、僕は少し立ち止まって考えるように心がけている。

焦ったときに有効なのは、自分のタスクをメモすること。撮影のネタをいくつ考えるのか具体的な数字を決めて、いつまでに撮影が終わっていればいいのかを整理する。

具体的に何をすればいいのか分からない状態だと「何か分からないけどたくさんあるんだよな」ってことしか把握できない。だから、ちゃんと言語化して明確にするだけで、かなり気持ちが楽になるのだ。整理してみると、意外に大丈夫そうだなと思えることも多い。

タスクをメモするだけのときは、僕はあえてパソコンを使わない。気分が乗らないときはパソコンすら視界に入れたくないからだ。ソファーでゴロゴロしながら、スマホのメモ帳にまとめるだけでいい。

いつも同じ気持ちで頑張ろう！と無理するんじゃなくて、やる気が出ないときにはそれに合った過ごし方をすると、結果的に良い方向へと向かうことが多いんじゃないかと思っている。

歌ってみた……くはなかった

今では前向きに取り組んでいる〝歌ってみた〟だけど、最初はかなり抵抗があった。事務所から「やってみなよ！」と提案されたときには、どうにかして笑って流せないものか、と考えていたくらい。

歌を投稿するのは歌い手さんたちの領域、という意識があったのも大きくてなかなか積極的になれず、初めて投稿したときには緊張でどうにかなってしまいそうだった。

ゲーム実況者なのに、本当に歌っていいのか？と考えていたときもあった。趣味で2ヵ月に1回カラオケに行く程度だし、それも人前で歌うのは大の苦手。だけど、回数を重ねるうちにファンの人たちが喜んでくれているのを知って、「それならいっか!」と思えるようになったのは大きな進歩だと思う。

元々、ボカロの曲が好きだというのもあって、曲を選んでいるときは楽しい。そうやって経験を重ねていくうちに、だんだんと抵抗なく歌えるようになっていった。これは、事務所に勧めてもらわなかったら絶対に自分ではやろうと思わないジャンルだから、提案してもらえて良かったなと思っている。

いつかは、ボイストレーニングをしっかりと受けてみたい。まだ、そこまで手が回っていないけど、自信がついた状態の歌ってみたをみんなに披露できる日を楽しみにしてる。とはいえ、そんなに期待しないで気長に待っててほしいけど(笑)。

人見知りのコラボレーション

僕のキャラ的に、コラボでもあんまり気にせず自分のペースで撮影していると思われがちだけど、そんなことはない。自分のペースと相手のペースがかみ合っているか、相手がボケたときどのくらいのニュアンスでツッコめばいいかなど、考えることは多い。

特に、初めて一緒に動画を撮影する相手であれば何気ない一言が失礼になったり、傷つけてしまったりすることも想像できる。なので、事前にどういう性格なんだろうと相手の動画を見て、良い温度感を見つけるようにしている。

それでも、顔が見えるわけじゃないし、声だけのやりとりだから絶対に上手くいくわけではない。撮影が終わってから、もっとツッコめば良かったとか、あれは言いすぎだったなと反省することもある。

気をつければいけないことはたくさんあるけど、その中でも特に大切にしていること。それは、一緒に撮影するときに相手が楽しめるように考えること。その人が得意なゲームなのか、会話のテンションなのか、それは人それぞれ違う。

だから、自分の動画に出てもらっても相手が楽しめないかもしれないと思えば、おそらく一緒に撮影することはない。お互いに「やって良かったね」と感じなければ、すごくビジネス感が出てしまうと思うし、それはきっと見ている人たちに伝わってしまうから。

僕がかなりの人見知りだから、最初のうちは上手に会話ができなかったり返しが下手だったりすることもある。でも、回数を重ねていって少しずつ仲良くなるのもコラボの面白いところだと思う。だから、これからも温かい目で見守ってくれたら、嬉しいです。

僕とみんなの未来

最近、僕にはある欲求が芽生えている。それは、いつも画面越しで見てくれている人を、実際に僕の目で見てみたいということ。さすがにリアルで握手したりはできないけど、ドズル社メンバーの3D化も着々と進み、「こんなこともやってみたい！」といろんな考えが浮かぶようになってきた。

今は順調に活動を続けられているけど、本音を言うと10年後にどうなっているのかは誰にも分からない。もちろん、今よりも飛躍的に成長していて活躍している未来もあるし、それと同じくらいおらふくんという存在が忘れ去られてしまう可能性もある。

だけど、ネガティブなことは、どれだけ考えてもキリがない。その考えの行きつく先は、「明日、地球が滅びるとしたら」なんて話になっていくだろう。漠然と不安な時間を過ごすくらいなら、僕は目の前のことに全力で取り組みたい。これは、ゲーム配信を始めた頃から自分とした約束。

もしかしたら、マイクラから卒業してまったく別のゲームを配信しているかもしれないし、歌ってみたを主軸にしている……ことはないか（笑）。今とは違うことをしていたとしても、「おらふくん」という存在がいなくなるわけではない。配信自体も人間としてもこれから成長していきたいと思っているから、そういう成長も含めて楽しんでもらえたらなと思います。

具体的には、ゲームを面白く見てもらえる魅力や、僕自身を面白いと思ってもらえるところを伸ばしていきたい。そのために、トーク力を身につけたいから、いろんな人とコラボしたり幅広いゲームに触れたりしてみたいと思っている。同じゲームを配信していても、人が違えばそれはまったく違う楽しみ方になるのは、僕自身もいろんな人の配信を見ていて感じることだ。

トークが面白い人、柔らかい雰囲気で癒される人、まわりからイジられている姿がかわいい人、なぜか奇跡を連発させる人。いろんな配信者の個性があって、僕にもきっとそういう魅力の種みたいなものが、すでに育っているんだと思う。

それは、僕だけじゃなくて、みんなにも絶対にある。これから先の未来で、ちゃんと芽吹いて強く生きていくために、僕は前を向く。これまで応援を続けてくれている人はもちろん、まだ見ぬ視聴者さんと出会うためにも。

STAFF

ブックデザイン	柴田ユウスケ、吉本穂花(soda design)
カバーイラスト	Lunar
本文イラスト	みつはち
マネジメント	ぱるぱる
DTP	G-clef
校正	鷗来堂
編集協力	山岸南美
編集	宮原大樹

PROFILE

おらふくん

YouTubeチャンネル登録者数130万を超える
ゲーム実況グループ「ドズル社」のメンバー。
個人のYouTubeチャンネル登録者数は
50万人を超えている。
さわやかな実況スタイルが人気。
元プロゲーマー。

本《ほん》かもわからん

2023年11月29日　初版発行
2024年 8 月10日　4 版発行

著者／おらふくん

発行者／山下 直久

発行／株式会社KADOKAWA
〒102-8177　東京都千代田区富士見2-13-3
電話　0570-002-301（ナビダイヤル）

印刷所／TOPPANクロレ株式会社

製本所／TOPPANクロレ株式会社

●お問い合わせ
https://www.kadokawa.co.jp/（「お問い合わせ」へお進みください）
※内容によっては、お答えできない場合があります。
※サポートは日本国内のみとさせていただきます。
※Japanese text only

定価はカバーに表示してあります。

ISBN 978-4-04-897659-6　C0095

〔増補改訂新版〕ズバリ回答!

どんな領収書でも経費で落とす方法

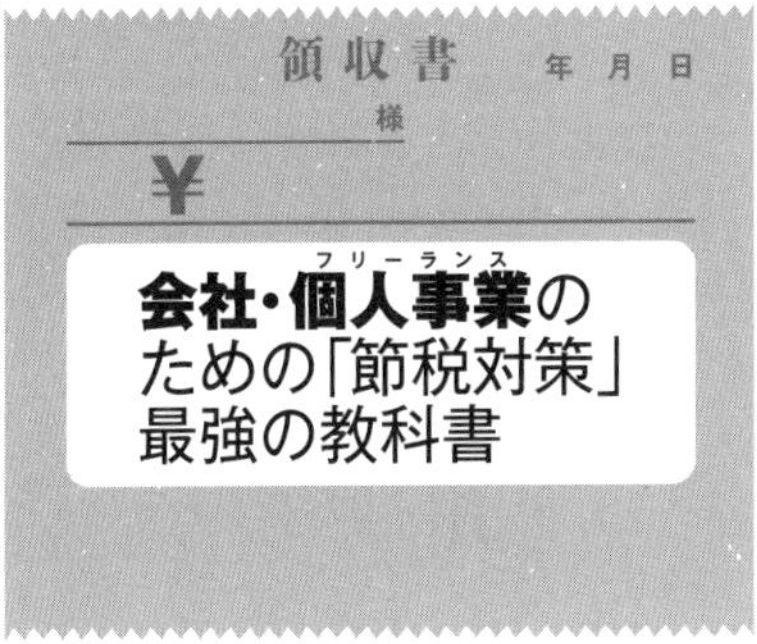

会社・個人事業《フリーランス》の
ための「節税対策」
最強の教科書

大村大次郎
(元国税調査官)

宝島社

はじめに

Q&Aでわかる！　「経費」は経営のカナメです

本書は、「領収書」や「経費」について、Q&A方式で解説するものです。事業をするにあたって、領収書や経費というものは重要なアイテムです。頑張って事業で儲けても、うかうかしていると多額の税金を課せられてしまいます。税金を取られすぎないようにするには、経費をうまく計上することです。

そして、経費を計上するためには、領収書をうまく活用しなければなりません。その方法をご紹介するというのが、本書の趣旨です。

●事業形態によって領収書や経費の取り扱いは違ってくる

一口に「事業」といっても、それには様々な形態があります。

そして面倒なことに、事業の形態によって、経費の計上方法や領収書の取り扱い方法が違ってくるのです。

事業の形態には、まず「個人事業者」と「法人（会社）」という二つの種類があります。個人事業者と法人（会社）では、経理処理の方法には非常に大きな違いがいくつかあります。そして個人事業者の中には、「白色申告者」と「青色申告者」という違いがあります。「白色申告者」と「青色申告者」では、経費の計上方法が若干違ってきます。

また会社形態の場合は、「大企業」と「中小企業」では経費の計上方法が若干違います（会社にも白色申告と青色申告がありますが、会社の場合はほとんどが青色申告なので、その違いによる影響はあまりありません）。

本書では、個人事業者の「白色申告者」「青色申告者」、会社組織の「大企業」「中小企業」のいずれにも対応するようにしています。

項目の見出しに、対象者が「個人事業者」なのか「会社」なのか、個人事業者であれば「白色申告者」なのか「青色申告者」なのか、それとも両方（全般）なのか、会社であれば「大企業」なのか「中小企業」なのか、それとも両方（全般）なのか、ということを明記しています。明記していない場合はすべてにあてはまります。

本書は２０１８年に初版が出され、今回の２０２４年版は増補改訂新版ということになります。インボイス制度や最新の節税ワザについて新しく章を追加しています。ぜひあなたの事業の経理に役立ててください。

目次

〈増補改訂新版〉ズバリ回答！
どんな領収書でも経費で落とす方法

第4章　「モノを買って」経費で落とす……95

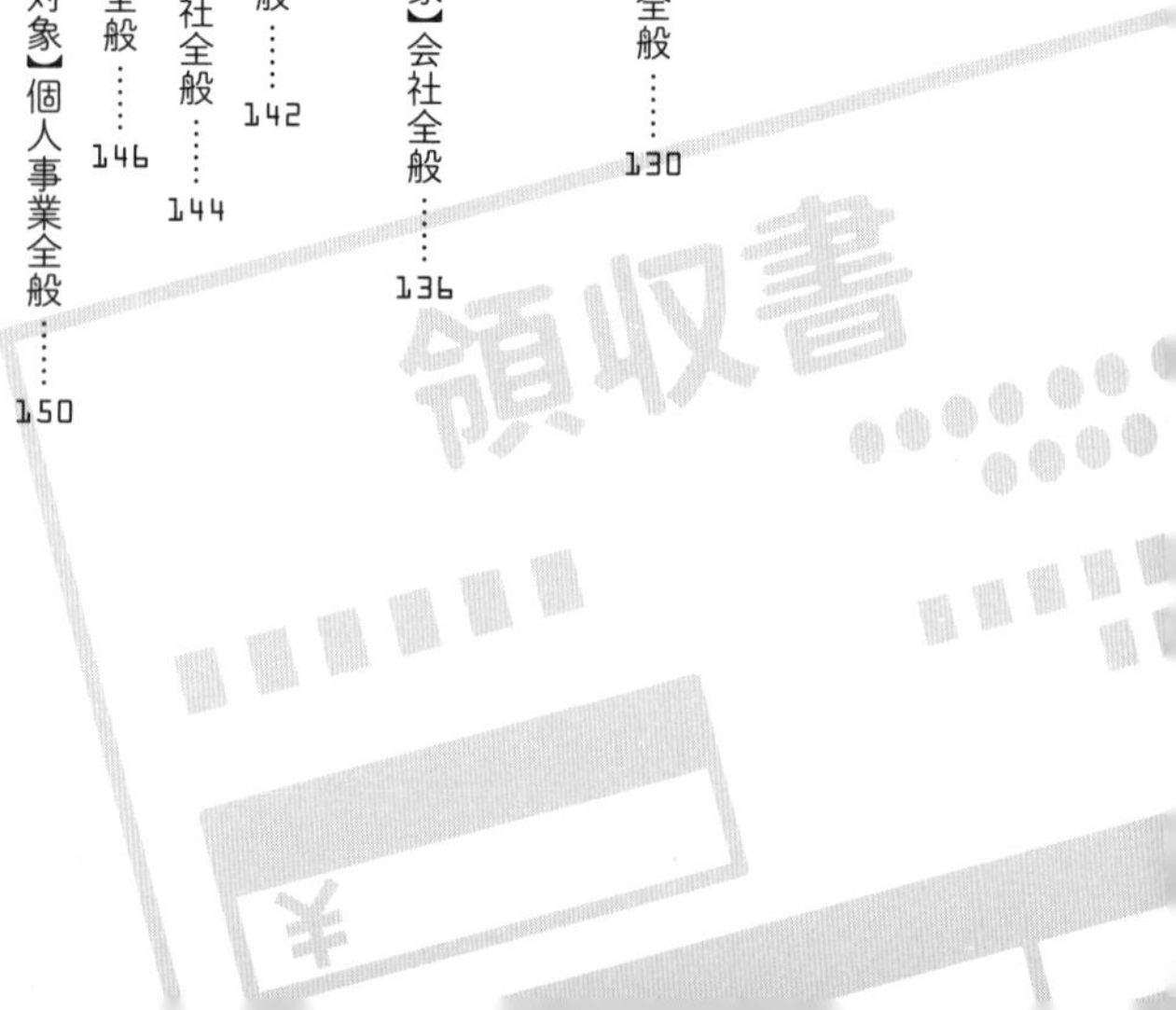

領収書

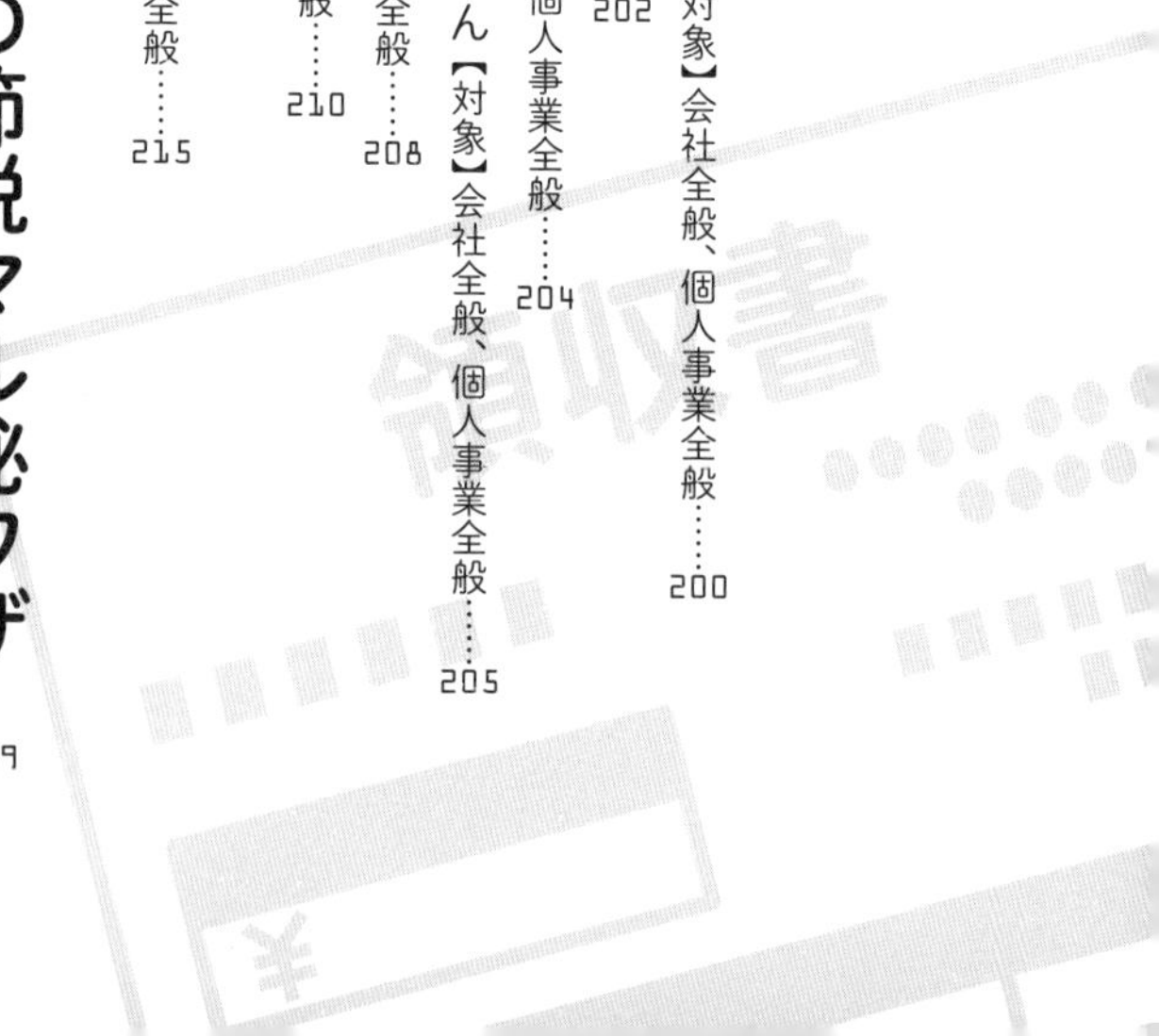

第1章

知らないと損する経費の基礎知識

会社と個人事業では認められる経費がかなり違います

では、さっそくQ&Aを始めましょう。

Q この本では、会社の経費と個人事業の経費を分けて説明するそうですが、それはなぜですか？

A 経費の取り扱いについては、会社と個人事業では、若干違ってきます。

経費についての基本的な考え方は、だいたい同じなのですが、個々の運用については、違うことが時々あるのです。

「会社では認められるけれど個人事業では認められない」

「個人事業では認められるけれど会社では認められない」

というようなものが、かなりあるのです。

だから、各項目ごとに、これは会社と個人事業のどちらの形態に関することなのか、を明記しています。

Q そもそも会社とは何なのですか？

A 会社というものは、本来、次のような仕組みになっています。

まず株主が、会社の資本金を出して会社をつくります。

そして、経営者に経営を委任します。

経営者は、その資本金を使って事業を行います。その事業で利益が出たら、配当金を株主に出します。

基本的には、会社とはそういうものです。

本来会社というのは、お金を出す人（株主）と経営する人は、別個のものなのです。

しかし日本の会社の場合、必ずしもそういう形にはなっていません。

特に中小企業のほとんどは、本来、個人で事業を行っていた人が事業形態はそのままで、体裁だけ会社にするのです。だから、株主と経営者が同一となっていることが非常に多いのです。

会社と個人事業の違いとは？

Q **事業を行う際には、会社組織にする方法と個人事業でやる方法があるそうですが、そもそも会社と個人事業の違いはなんですか？**

A 会社と個人事業の違いというのは、実は法人登記をしているかどうかだけです。

事業をやっている事業者が、法人登記をしていれば「会社」ということになります。それ以外は、個人事業者なのです。

同じような事業を営んでいても、法人登記をしていれば会社、していなければ個人事業ということになるのです。

一般的にイメージとしては、規模の大きい事業が会社、規模の小さい事業が個人事業という感じになっています。

しかし会社と個人事業の違いは、事業の規模とはまったく関係ないのです。

たとえば、従業員が100人以上いる工場であっても、法人登記をしていなければそれは個人事業ということになります。

一方で、従業員は一人だけという小さな事業者であっても、法人登記していれば、それは会社ということになるのです。

Q 会社と個人事業では税金や経理の方法は違ってくるのですか？

A 会社と個人事業者では、法律上の取り扱いがかなり違います。

ここが重大なポイントなのですが、同じような事業をしていても会社と個人事業では、税法上の取り扱いがまったく違ってくるのです。

会社の場合は、法人税、法人住民税などを払わなくてはなりません。

個人事業の場合は、所得税、住民税などを払わなくてはなりません。

法人税と所得税では、税率や計算方法がかなり違います。だから、だいたい同じくらい利益がでていても、税金の額は全然、違ってきたりするのです。

どちらが安いかというのは、その事業の状況によって変わってきます。

会社と個人事業はメリット、デメリットがあります

Q よく会社をつくれば税金が安くなると言われますが、それは本当ですか？

A 確かに、会社というのは、経費を積み上げる節税策がたくさんあるので、それをうまく施せば、個人事業よりも税金は安くなります。

でもそれは、会社として経理などがきちんと整っている場合のことです。会社が会計をきちんと研究し、様々な節税策が講じられたときに、はじめて「会社にしたほうが税金が安くなる」という状況が生まれるのです。

会社にしさえすれば、自動的に税金が安くなるわけではないのです。

また会社の経理は、けっこう大変です。

経理の知識がまったくない人が、いきなり会社の経理をやるというのは、少し難があります。

もし、経理の経験がまったくない人が、会社をつくるならば、経理担当者を雇うか、税理士に頼まなければ、ちゃんとした決算や帳簿はなかなか作れないでしょう。

もちろん経理担当者を雇ったり、税理士に頼んだりするとかなりお金がかかります。その費用を払っても、節税のメリットがあるかどうかです。事業の規模が大きければいいですが、それもなかなか難しいでしょう。

経理に関してそれなりの知識や準備ができている人、もしくは資金的な余裕がある人ならば大丈夫ですが、そうではなく、とにかく事業を始めてみたい、というような人はまず個人事業から始めてみたほうがいいのではないか、と思います。

個人事業の場合、経理に関しては会社ほど大変ではありません。

税務署は、会社というのは、経理はできて当たり前という感じで接してきますが、個人事業の場合は、経理が初心者の人もいる、ということを前提で接します。経理初心者のための指導も行われています（青色申告会など）。

個人事業を始めて、その事業がある程度続けば、嫌でも若干の経理の知識はつきます。

そして、個人事業がある程度軌道にのれば、節税策その他のために、会社組織にすればいいと思います。

青色申告と白色申告とは？

Q 個人事業で税務申告する場合、青色申告と白色申告があるそうですが、これはどう違うのですか？

A 青色申告と白色申告の違いは、簡単に言うと、青色申告の申請を出した人が、青色申告で申告できるということです。青色申告の申請を出していなければ、自動的に白色申告ということになります。

青色申告というのは、条件に従って帳簿をきちんとつけた人が、若干の恩恵にあずかるという制度です。

この条件で申告する場合は、かつて青い色の申告用紙を使っていたので、青色申告という名前ができたわけです。またこの青色申告は、事業所得のほか、不動産所得、山林所得でも行うことができます。

Q 会社の税金には、青色申告と白色申告はないのですか？

A 会社の税金（法人税）でも、青色申告と白色申告はあります。しかし、会社の場合は、そもそも商法などで決算書の作成などが義務付けられており、ほとんどの会社が青色申告の記帳条件を満たしています。

事実上、ほとんどの会社は青色申告をしております。だから、本書では会社に関しては、青色申告向け、白色申告向けの明記をしておらず、すべて青色申告向けとしています。

Q 青色申告で税務申告をするにはどうすればいいのですか？

A 青色申告の申請をする人は、その年の3月15日までに「青色申告承認申請書」を納税地の所轄税務署長に提出しなければなりません。

新規開業した場合（その年の1月16日以後に新規に業務を開始した場合）は、業務を開始した日から2か月以内に「青色申告承認申請書」を納税地の所轄税務署長に提出しなければなりません。

また基本的に損益計算書、貸借対照表といった複式簿記による帳簿を作成し、申告書に添付しなければなりません。簡易な申告方法もありますが、簡易な方法を使えば、青色申告で受けられる特典が小さくなります。

Q 青色申告の申請をすると、どんな特典があるのですか？

A 青色申告の特典の主なものは、次の4つです。

1. 正規の簿記で記帳し、貸借対照表と損益計算書を作って確定申告書に添付した場合、原則として所得から55万円が控除されます。

複式簿記によらない簡易の帳簿の場合は、所得控除額は10万円です。

この所得控除額というのは、その金額分の税金が安くなるわけではありません。この所得控除額に、税率をかけたものが、実際に安くなる税額となります。税率が10％の人の場合、65万円の所得控除を受ければ6万5千円の税金が安くなるのです。住民税を含めれば、約13万円の税金が安くなります。

2. 青色申告をしている人は、妻などの家族がその事業の手伝いをしている場合に、普通に給料を払うことができます（詳細は140ページ）。

3. 青色申告をしている人は、貸倒引当金《かしだおれひきあてきん》というものを設けることができます。

貸倒引当金というのは、売掛金、貸付金などの貸金の貸倒れによる損失の見込額として、年末の貸金残高の5・5％までを貸倒引当金として計上し、必要経費に算入できるのです（ただし、金融業の場合は3・3％になります）。

たとえば、売掛金や貸付金が100万円あったとすれば5万5千円を貸倒引当金として経費計上できるのです。

4. 青色申告をしている人は、事業で赤字が出た場合、その赤字分を翌年以後3年間にわたって繰り越せます。たとえば、1年目に200万円の赤字が出た場合、2年目に200万円の黒字になったとしても相殺して所得をゼロにできるのです。

個人事業者の青色申告は本当に得ですか？

Q では、個人事業者は青色申告をしたほうが得なのですか？

A 現実的に考えると、必ずしも得になるとは言えません。

　というのは、複式簿記という会計方法は、経理の素人にはかなり難しいです。会計ソフトなどを使えば自動的にやってくれることもありますが、税金の申告は複雑なので、会計ソフトだけでは正確に対応できない面も多々あります。かといって税理士に頼んだ場合、青色申告による減税分などはすぐに消し飛んでしまいます。

　また青色申告の場合、「きちんと記帳している」ということが前提なので、「うっかりミス」は認められません。ちょっとうっかりして間違ったことでも税務署は厳正な対応をしてくるのです。

　青色申告をするだけの手間をかけるならば、いっそ会社をつくったほうがいい場合もあります。個人事業者の青色申告の経理の手間は、会社の経理の手間とほとんど変わりません。会社となると、個人事業者よりももっとダイナミックに節税策を施すことができます。

Q 青色申告は記帳が大変ということですが、白色申告は記帳をしなくていいのですか？

A 白色申告でもまったく記帳をしなくていいというわけではありません。平成26年からは、白色申告者にも一定の記帳の義務が課せられるようになりました。

具体的に、どういう記帳が必要かというと、国税庁のサイトによると「売上げなどの総収入金額と仕入れその他必要経費に関する事項」ということになっています。

また「記帳に当たっては、一つ一つの取引ごとではなく、日々の合計金額のみをまとめて記載するなど、簡易な方法で記載してもよい」となっています。小遣い帳や家計簿とほとんど変わらないレベルだと言えます。

また領収書などの証票類は、５年間とっておかなければなりません。ただし、領収書などの証票類が完備していないと経費が認められないというわけでもありません（詳細は34ページ以降）。

事業の経理で一番大事なのは「経費」！

Q 私は今、サラリーマンをしていますが、近い将来、独立して事業を起こしたいと思っています。
事業をやっていく上で、税金はやっぱり大きいですか？

A 事業をやっていく上で、税金は大きな比重を占めます。

事業者の方は、起業するとき、事業を軌道に乗せることばかりに神経を使って税金のことはあまり考えていないことが多いものです。

しかし税金は、儲かったお金に対して30%から40%くらいかかってきます。頑張って儲けたお金の半分近くを税金で持っていかれることになるのです。それは大きなダメージになります。事業年度が終わってから税金のあまりの高さに驚いてしまうという事業者の方も少なくありません。だから、事業を始める際には、税金のことも常に念頭に置いておくべきだと思われます。

Q 税金を安くする上で、一番大事なのはなんですか？

A 税金を安くする上で、一番大事なのは「経費」を調整することです。

事業の経理には大雑把に言って「売上」と「経費」があります。

「売上」というのは、それほど恣意《しい》的な操作はできません。

売上を増やそうと思っても、お客さんが買ってくれないと売上は増えませんから、お客さんの意思にかかっているわけです。

また売上を減らすことは事業者の意思でもできますが、これをすれば事業活動に支障をきたす危険があります。わざと売上を減らすようなことをすれば、お客さんが離れたりします。だから、税金を減らすために売上を減らすことは非常に危険なのです。

でも、「経費」はかなりの部分を事業者の意思で増減することができます。売上が伸びていて、このままでは税金が高くなりそうだというときには、経費を増やして税金を減らすことは簡単にできます。

また売上が伸び悩んで利益が出ないときには、頑張って経費を減らすこともできます。

あらゆる領収書は経費にできますか？

Q **経費を増やすために、しなければならないことはなんですか？**

A まず、なるべく多くの領収書を取っておくことです。領収書は必ず残しておかなければならないものではありませんが、経費を計上する上で重要な証拠になるからです。

Q **領収書を取っておいても、事業の経費として認められないものもあるのでは？**

A もちろん、あらゆる領収書が「無条件」で経費として認められるわけではありません。もし「無条件」ですべての領収書が経費として認められるのであれば、本書は必要ありませんからね。しかし、一定の条件をクリアしていれば、大半の領収書は事業の経費に計上することができます。

経費で落ちる領収書と落ちない領収書の違いは？

Q 一定の条件をクリアすれば、大半の領収書が経費で落とせるそうですが、経費で落ちる領収書と落ちない領収書の違いはなんですか？

A 経費で落ちる領収書と落ちない領収書の違いは、ざっくり言えば、事業に関係するかどうかです。

たとえば、旅行費用。単なるプライベートの旅行であれば、事業の経費で落とすことはできません。しかし、旅行を事業に関連付けることができれば、事業の経費として計上することができるのです。個人事業の場合、これを「必要経費」と言います。

またテレビやＤＶＤなどのＡＶ機器も、まったくのプライベートでの使用であれば、必要経費で落とすことはできません。しかし、事業に関連する情報を収集しているという事実があれば、必要経費に計上することができるのです。

事業に関係しなくても経費で落とせる場合もあります

Q **事業と関係のある支出は、すべて経費計上できるということですが、では、「事業と関係のない経費」は絶対に経費に計上することはできないのですか?**

A 会社の場合は、事業と直接関係のない支出でも、一定の条件を満たしていれば、経費とすることができます。

一定の条件というのは、「福利厚生費」として支出できる要件を満たしていることです。福利厚生費の条件を満たしていれば、会社の事業に直接関係しなくても、社員の衣食住やレジャー費などを経費として計上することができます。

Q **会社には福利厚生費という経費があり、これをうまく使えば節税になるそうですが、これは一体なんなのですか?**

A　福利厚生費というのは、会社の従業員の福利厚生などにかける費用です。

一定の条件をクリアしていれば、事業に直接関連しなくても、従業員のための福利厚生として会社の経費に計上できるのです。

福利厚生費には、様々な項目があり、それぞれ要件が決められています。

たとえば、昼食は月3千500円まで、慰安旅行は4泊5日まで、というようにです。それぞれの詳しい要件は後述します。

この福利厚生費は、実は税法上けっこう広範囲に認められています。

健康診断や慰安旅行のみならず、コンサートのチケット、スポーツジムの会費などのレジャー費やアパート、マンションなどの住居費なども OK なのです。

はては夜食代や昼食の補助まで適用されるのです。

社員（経営者を含む）の衣食住の大半は、福利厚生で賄えるといっても過言ではありません。しかもレジャー費まで、経費で落とせるのです。

個人事業では福利厚生費は認められないのですか？

Q **個人事業では、福利厚生費は認められないのですか？**

A いいえ。

個人事業でも福利厚生費は認められます。従業員を雇っていて、その従業員に福利厚生を施した場合は、会社のときと同じように福利厚生費を計上することができます。

Q **私は、個人事業をしていますが、人は雇っていません。その場合、私に対する福利厚生は、経費として認められるのですか？**

A これは残念ながらグレーです。

現在、国税庁では、「個人事業者は自分に関する福利厚生費を使えない」という指導を行っているようです。

実は「個人事業者は自分に関する福利厚生費を使えない」ということの法的な根拠はありません。国税庁は、「福利厚生費は家事消費に含まれ、自分自身への福利厚生は事業の経費とは認められない」と主張していますが、所得税法では福利厚生の定義さえ明らかにされていないので、その判断には根拠がないのです。

国税不服審判所の裁決でも、個人事業者の福利厚生費について頭ごなしに否定はしておらず、個別に社会通念に照らして妥当かどうかを判断しています。

また国税庁自身、個人タクシーの福利厚生関係の会費を、必要経費に含めていいという通知をしています。「一人（もしくは家族だけ）でやっている個人事業者の福利厚生費は必要経費と認められない」という国税庁の方針は、法律にもないし、判例にもなく、社会通念上もおかしいのです。

しかし、現在のところ国税庁の方針を覆すためには裁判を起こしたりしなくてはならないので、あまり現実的ではありません。

だから、自分個人や家族への福利厚生は、経費に計上しないほうが無難だと言えます。

レシートは領収書の代わりになりますか？

Q 領収書をもらうのを忘れてしまいました。でもレシートはもらっています。レシートでも領収書の代わりになるのでしょうか？

A 領収書をもらっていなくても、レシートをもらっていれば、それで大丈夫です。

税法では、事業の経費を計上する上で、「領収書が必ずなくてはならない」ということになっていません。領収書は、事業の経費を証明する証票類の一つに過ぎないのです。

領収書というのは、「いつ」「どこで」「だれに」「何の目的で」「いくら払った」ということを証明するためのものです。

レシートには、この事項はすべて記載されていますので、レシートだけをもらっていればいいのです。

Q　もらった領収書に相手の印鑑が押してありませんでしたが、これは領収書として認められるのでしょうか？

A　認められます。

「領収書には相手の印鑑がなくてはならない」と思っている人もいるようですが、それも誤解です。

相手の印鑑があろうがなかろうが、自分が支払ったものであれば経費として認められるのです。

Q　領収書のあて名が個人名になっていますが、会社の経費で落とせるでしょうか？

A　できます。

領収書のあて名が何であれ、その会社の経費であるということであれば、経費で落とすことができるのです。

領収書をもらい忘れた場合は？

Q **領収書をもらい忘れた上、レシートもどこかになくしてしまいました。この場合、経費計上はできないのでしょうか？**

A そんなことはありません。

領収書やレシートがなくても、会社の事業のための支出をしたという事実があれば、経費計上できます。

「事業の経費は領収書がないと認められない」と思っている経営者も多いようですが、これは勘違いです。

領収書がなくても事業に関する支出の事実があり、その事実を何かに記録していれば、それで経費として認められます。

具体的に言えば「使った日時」「使った場所」「使った目的」「金額」さえわかっていれ

ば、いいのです。

金額も正確なところがわからなければ、少なめにしておけばＯＫです。要は、実際に使ったかどうかが問われるのであって、それさえクリアしていれば、経費として認められるのです。ただし青色申告の場合は、正確な金額が必要です。

Q では領収書はまったく残さなくてもいいのですか？

A いえ、そうではありません。

領収書は必ず残さなくてはならないものではありませんが、できるだけ残さなくてはならないものではあるのです。

税法では「決算にかかわる証票類を残しておかなければならない」、ということになっています。

だから、あえてまったく領収書をとっていないようなことはさすがに許されません。その場合、「正確な申告をする気がない」として税務署にペナルティーを課せられるおそれもあります。

印紙を貼っていない領収書は無効になりますか？

Q この前、領収書をチェックしてみたら、金額が5万円以上なのに、印紙が貼ってありませんでした。先方のミスだと思います。印紙が貼っていない領収書は、経費として認められないと聞いたことがありますが、これは本当ですか？

A いいえ、違います。

印紙が貼っていないからといって、その領収書が無効になるようなことはありません。

確かに印紙税法では5万円以上の金額が記載された営業性のある取引の領収書には、印紙を貼らなくてはならないという定めがあります。だから5万円以上の領収書なのに印紙を貼っていない場合は、脱税もしくは課税漏れということにはなります。

しかし領収書が証拠書類として通用するかどうかというのは別問題なのです。印紙が貼っていなくても、領収書の法的な効力はあります。

印紙税というのは本来、「重要な契約書類には、印紙を貼りなさい。印紙を貼っていれば、それが正式なものと認めますよ、貼っていないものは正式なものとは認めませんよ」という意味がありました。

でもそれは実は建前です。当局が税金を取りたいために、印紙税というものを考え出しただけなのです。

だから印紙が貼っていない領収書や契約書でも、「税務の証拠」として通用するのです。「印紙が貼っていないからこの領収書は経費として認められません」などと税務署が言うことはありません。印紙が貼ってあろうとなかろうと、領収書は領収書として認めざるを得ないのです。

もちろん、印紙税を貼っていない領収書を税務署が見つければ、印紙税を追徴することにはなります。

しかも、印紙を故意に貼っていなかった場合は、３倍もの過怠税をとられます。先方のミスで印紙が貼られていない場合は先方が負担することになりますが、自分が発行する領収書では自分が負担することになりますので、注意しておいたほうがいいでしょう。

メールで取引をした場合、領収書の代わりになりますか？

Q 私は事業に関するものをインターネットで購入することが多々あります。そしてその際には、取引はすべてメールで済ませるため、紙の領収書やレシートなどはありません。

メールの記録は、領収書の代わりになるのでしょうか？

A なります。

電子メールに、領収書と同じ事項（日時、金額、商品名、宛名、領収した者の氏名など）が書き込まれていれば、立派に領収書の代わりになるのです。

メールというのは、お互いのパソコンに記録が残りサーバーにも記録が残るものなので、証拠としての能力も高いのです。

払ったかどうかの証拠としても、十分に使えます。

メールを印刷すれば、それが経費の証拠書類となりますし、税務署に見せるときにも、メールを打ち出したものを見せればいいのです。

Q メールを領収書の代わりに使う場合、印紙税は払わなくていいのでしょうか？もし、税務署にメールでの領収書を見せた場合、印紙税の追徴課税を受けますか？

A 印紙税は払わなくて大丈夫です。

印紙税は書類に対してかかる税金なので、メールにはかからないのです。だからメールの領収書は印紙税の節約にもなります。

もしメールを紙に打ち出しても印紙税はかかりません。打ち出した紙には相手先の印鑑が押してないので、印紙税法の上での領収書とはされないのです。

印紙税をなるべく払わなくていいように、今後はメールで領収書を発行するべきかもしれません。

クレジットカードの明細書は領収書の代わりになりますか?

Q 私は、事業の光熱費などの支払いをクレジットカードで行うことが多々あります。その際は、領収書などはもらっていません。改めて領収書をもらう必要があるでしょうか?

A ありません。

昨今は、すっかりカード社会になってしまいました。多くの社会人は、2、3枚はクレジットカードを持っているものです。

手元に現金が少ないとき、カードで支払いをする人は多いでしょう。

もし領収書をもらっていなかった場合、後から送られてくるクレジットカードの明細書を領収書として使えばいいのです。

クレジットカードというのは、使用したときには細かい明細書が送られてきますので、領収書の要件はすべて満たしています。それをとっておけば領収書としての要件は十分満たしているのです。

またクレジットカードで事業に必要なものを買ったとき、クレジットカードの手数料や利子も払っている場合があります。

この手数料や利子も当然、事業の経費で落とすことができます。

事業に関係のないレシートは経費に計上できますか?

Q レシートが領収書の代わりに認められるのなら、事業とは関係のないレシートをかき集めて、それを経費に計上することはできますか?

A それはできません。

先ほども言いましたように、経費にできるポイントは「事業に関係するかどうか」です。

レシートが領収書の代わりになるからといって、むやみやたらとレシートを集めてそれで経費に計上しようというのは、ほぼ脱税です。

また実際に実行しようとしても、なかなかうまくはいきません。

というのも、最近のレシートには、かなり詳細な情報が書き込まれています。

たとえば、家族で食事したファミレスのレシートを交際費に使おうと思っても、「お子様ランチ　○○円」などと明細が載っている上に、会計をした日時まで入っています。

「日曜日の午後にお子様ランチ頼んで、交際費はないでしょう！」と税務署の調査官に一喝されるのがオチです。

昔のレシートはお金の数字しか書かれていませんでしたから、レシートをかき集めて経費にするっていうのはけっこうありましたが、今はなかなかできません。

Q　精巧なニセ領収書を売ってくれる業者がいると聞きました。また自分でも領収書を作ろうと思えば作れます。そういうニセ領収書を使えば、経費として計上できるのでしょうか？

A　これはやめておきましょう。

最近では、パソコンの進歩などで一般の人でも簡単に印刷物を作れるようになりました。しかも普通の印刷ではなく、カラーであったり紙質も自在に整えられたり、印刷業者顔負けの技術が使えるようになりました。

その技術を利用して、精巧なニセ領収書を作って脱税しようと試みる不届きな輩《やから》も増えています。

本物そっくりの領収書を作って、税務署の目をくらませようというわけです。

でも領収書が精巧であれば、ただそれだけで脱税が成功するとは限りません。

というのは偽札ならば精巧なものを作ればそれでいいかもしれませんが、領収書は精巧かどうかはあまり関係ないのです。

税務署の調査官というのは、その領収書が本物かどうかというのは、現物を見るだけで判断したりはしません。

ニセ領収書を作る業者というのは、昔からいました。業者の作るニセ領収書というのは、外見上は本物と同じ仕様です。つまり精巧な領収書というのは、昔から出回っていたのです。税務署の調査官たちは、そういう精巧な領収書を今まで何度も見破ってきているのです。

調査官が、ニセ領収書を見破る方法はいろいろあるのですが、もっともオーソドックスな方法は、取引の流れを見るというものです。

どういうことかというと、帳簿や領収書を定点で見るのではなく、時間的な流れの中で、見ていくのです。

たとえば、仕入れの中に、ニセ領収書がないかどうか確認する場合。

仕入れ先にはどのような業者がいるのか、毎月どのくらいの仕入れをしているのか、というチェックを行います。日ごろは取引がないのに、年に一回だけ取引がある業者が出てくれば、その業者との取引は怪しい、ということになります。

そういう領収書を見つけると、調査官はその領収書に記載されている連絡先に連絡してみます。連絡がつかなければ、その業者は架空であり、発行した領収書が偽物であることが判明するのです。

また毎月１千万円しか仕入れがないのに、期末にだけ２千万円の仕入れがあれば、期末の仕入れはおかしいということになります。そして、期末の仕入れ内容を詳細にチェックしていきます。

仕入れられた品物は、どれだけ売れたのか、どれだけ売れ残ったのか、売れ残ったものはどこにあるのか。そういうチェックをしていけば、架空の取引がわかってしまうのです。

だから、いくら精巧なニセ領収書を用意したところで、水増し経費はばれるときにはばれるのです。

税の世界はグレーゾーンが多いのです

Q 税金のマニュアル本などに、ときどき申告内容の成否の判断は「税務署の担当者によって見解が違う」ということが書いてありますが、これはどういうことですか？申告の成否は税法によって、きちんと決められているのではないのですか？

A 税務署の担当者によって見解が違うというのは、実際にあることです。

そして、それは税務の世界の特殊性を象徴していることでもあります。

税務というのは、法律で定められています。しかし税務には様々な個別の状況がありますので、それに対してすべてに明確に白黒がついているわけではないのです。

つまり税金の世界はグレーゾーンがたくさんあるのです。

たとえば、接待交際費などでは、仕事に直接関係のない知人を接待したような場合、これが接待交際費に該当するかどうか、明確には言えないことがあります。

本当に仕事にまったく関係のない知人であれば、それは接待交際費には該当しないことになります。

が、どんな人でも仕事に関する情報をくれる可能性があるわけです。たとえば、同窓生と会食したときに、ひょんなことから取引先を開拓できたりというようなことは多々あります。

同窓生のつながりを効果的に使う営業マンも多いものです。

その判断基準について、税法では明確に定められていないのです。

また薬などを買ったとき、医療費控除に該当するかどうかというのも、グレーゾーンになることがしばしばあります。

医療費控除では、身体に何か不具合があってそれを改善させるために買った薬であれば該当することになっていますが、予防のために買った薬などは該当しないことになっています。

しかし、薬を買うときというのは、予防のためなのか、不調改善のためなのか、判断しにくい場合がけっこうありますよね？

これについても、税法で明確な基準が定められているわけではありません。

明白な誤りがないと税務署は修正できません

Q 税金の世界ではグレーゾーンが多々あるということですが、もし経理処理の判断に迷った場合はどうすればいいのですか？

たとえば、前項の質問のような、仕事に直接関係ないけれど、何か有益な情報をくれるかもしれない知人と会食をしたときのような、接待交際費に該当するかどうか、判断に迷うことがあったとき、どういう経理処理をすればいいのですか？

A 経理処理に、明確な基準がないグレーゾーンだった場合、自分で判断すれば大丈夫です。

ご質問の例で言えば、自分が接待交際費に該当すると判断すれば、接待交際費に計上すればいいのです。

日本の税制は、申告納税制度を採っています。これは、納税者が自分で申告をし、自分で納税するという制度です。そして、この申告納税制度というのは、実は納税者の権利は強固に保護されているのです。

税務当局は、原則として納税者の申告を尊重しなければなりません。

税務当局が、申告を是正できるのは、納税者の申告に明確な誤りがあるときだけなのです。

つまりは、明確な基準がない場合は、納税者が自分に有利な判断をして構わないわけであり、税務当局がそれを否認するためには、明確な根拠を示さなくてはならないのです。

また申告が正しいかどうかを、納税者が証明する義務はないのです。申告の正しさを証明するための証票類は残しておかなければなりませんが、証票類だけでは証明しきれないような曖昧な部分についてまで、納税者側が証明する必要はないのです。

もし税務署がそれを否認しようと思えば、税務署側が、「それは間違いである」ということを証明しなければならないのです。

この点について、誤解している人も多いのです。税務署側も、税務調査などでは納税者の誤解をうまく利用して丸め込んでしまうことが多々あります。

くれぐれも、「納税者側が潔白を証明する必要はない」ということを覚えておいてください。

第2章

飲食代、服代、住居費を経費で落とす

衣食住を経費で落とす！

まずは衣食住の費用を事業の経費で落とす方法を、ご紹介していきたいと思います。

本来、衣食住の費用というのは、各個人が負担すべきものです。だから、事業の経費として支出はできないはずです。

しかし、一定の手順を踏めば、衣食住の費用も事業経費で落とすことができるのです。衣食住の費用を事業の経費で落とせるようになれば、経営者や従業員は非常に助かるはずです。生活費を事業経費で落とせるわけですから。

究極の節税術ともいえるでしょう。

この方法をうまく使って、収入はそれほど高くないのに、いい生活をしているという経営者などはたくさんいます。

私は国税調査官時代に、高級マンションに住み、たびたび高級レストランで食事をし、いい服を着ている。けれど、払っている税金は非常に少ないというような人をたくさん見てきました。薄給役人としては釈然としないことではありましたが、彼らは法に基づいてやっているので、いかんともしがたかったのです。

そういう方法が一部の人たちだけに使われているのは、非常に不公平なことなので、ここでご紹介しようというわけです。

衣食住の費用を事業経費で落とすには、二つのルートがあります。

一つは、福利厚生費として支出する方法。

もう一つは、業務関連費として支出する方法です。

順に説明しますね。

●「福利厚生費で衣食住費を負担する」とは？

会社には、福利厚生という支出が認められています。

社員の福利厚生に関する費用は、会社のお金で支出していい、ということになっているのです。

この福利厚生費は、かなり広い範囲で認められています。社員（役員を含む）の住居に関するもの、食事に関するもの、健康増進に関するもの、レジャーに関するものなども、福利厚生費として支出することができるのです。

簡単に言えば、一定の条件をクリアしていれば、社員（役員を含む）の食費や衣服費、住居費を出すことができるのです。

この制度をうまく使えば、衣食住のかなりの部分を会社のお金で支出することができます。

ただし、この福利厚生費を使う方法は、個人事業者には使えません。なぜかというと、税務署は個人事業者本人やその家族への福利厚生費の支出を認めていないからです（詳細は32ページを参照）。

だから、個人事業者は、「事業関連費」から支出する方法を採ることになります。

●「事業関連費から衣食住費を支出する」とは？

次に事業関連費から衣食住費を負担する方法についてご説明しましょう。

これは簡単に言えば、衣食住費を事業に関連付けることで、事業の経費として支出するという方法です。

たとえば、食事代を会議費や交際費などで負担する方法です。事業には、会議費や交際費という経費が認められています。この会議費や交際費というのは、飲食費用を出すことも認められているのです。

また自宅の家賃を事業の直接経費として支出することもできます。自営業やフリーランスの人などが、自宅で仕事をする場合、自宅の家賃は、事業の経費として支出することができます。

この場合、プライベートと仕事で案分計算をしなくてはならないので、全額を計上ということにはいきませんが、家賃のかなりの部分を事業経費から落とすことができるのです。また場合によっては、全額を計上することもできます。

個人事業者の場合は、事実上、福利厚生費が使えないので、この「事業関連費」から支出する方法を使うしかないのですが、これも使い方によっては、かなりの部分の衣食住費を賄うことができます。

昼食代を経費で落とす方法は？

［対象］
会社全般
個人事業全般

Q **私は、従業員が2名しかいない小さな印刷業を営んでいます。自分（経営者）の昼食代を経費で落とすことができますか？**

A 会社の場合は一定の条件をクリアしていれば、昼食代も経費で落とすことができます。

個人事業者の場合、自分だけの食事を経費で落とすことはできませんが、従業員や取引先と一緒に食事をしたときの食事代は必要経費にすることができます。

食事代を経費で落とすには、「会議費」「交際費」「福利厚生費」という三つの勘定科目を使う方法があります。

三つとも微妙に条件が違うので、これをうまく使い分ける必要があります。

会議費として経理処理する方法

税法では会議費という支出が認められています。食事をとりながら会議を行う、ということも時々あるわけで、その際の飲食代なども会議費として認められるのです。

欧米のビジネスマンたちは、食事をとりながら会議をするというのは、ごく一般的です。日本でも、最近はそういうことをする経営者も増えているようです。

ただし、これは会議費なので会議としての体裁を整えなくてはなりません。一人で食事をするということにはいきません。従業員など数名で食事をする必要があります。また会議にふさわしい場所で行う必要があります。定食屋などでは、ちょっと難しいでしょう。ファミレスならば、大丈夫です。議題や議事録などもあったほうがいいでしょう。

またこの会議費は、個人事業者も使えます。お尋ねのようなケースでは、従業員と食事をとりながら会議をしたような場合であれば、経費として計上することができます。

交際費として経理処理する方法

従業員や取引先と一緒に昼食をとったような場合、接待交際費として経費計上することもできます。

この場合、従業員や取引先の分も払わなければなりません。割り勘だったような場合は、交際費には該当しないのです。接待交際費には、あくまで取引先や従業員を接待したという建前があります。個人事業者の場合は、交際費に上限はありませんが、会社の場合は上限があります（81ページ参照）。

福利厚生費として経費処理する方法

冒頭にも述べましたように、会社の福利厚生費では食事代の支給も認められています。昼食代の場合は、以下の要件を満たせば、福利厚生費として会社から支給することができます。

・従業員が一食当たり半分以上払うこと
・月3千500円以内であること

ただし、この昼食はあくまで会社が支給したという形を取らなくてはなりません。昼食は、会社が自前で作るか、会社が仕出しや出前をとったものを社員に提供しなければならないのです。もし昼食代を現金でもらえば、それは従業員（役員も含む）の給料として加算されます。それは会社の経費として算入されますが、従業員にとっては給料という扱いになるので、所得税の課税対象となります。また役員の場合は、昼食代の現金支給の臨時的なものは役員賞与とみなされ、会社の経費にさえなりません。だから昼食はあくまで現金ではなく、現物を会社が用意しなくてはならないのです。

コンビニ弁当を経費で落とす方法は？

［対象］
会社全般

Q 当社は残業が多いのですが、コンビニ弁当を買ってきて従業員に支給したとき、その費用は会社の経費で落とすことはできますか？

A 残業した人の食事代を会社が負担した場合、それは福利厚生費として支出できます。

昼食代は、「従業員が半額以上負担」「月3千500円まで」という縛りがありましたが、残業での夜食代についてはこの縛りはありません。夜食代全額を経費として計上することができるのです。

どんな会社でも夕食時間にずれ込むくらいの残業はあるものです。そういう残業をしたときに、会社が夜食を出せば、それは福利厚生費として経費計上することができるのです。

ただし、この夜食についても、会社が支給しなくてはならないという決まりがあります。仕出しや出前を頼むか、会社が用意しなくてはならないのです。仕出しや出前を頼む場合も、「会社から頼んだ」という形を取らなければなりません。もちろん従業員が電話をしてもいいのですが、従業員個人ではなく、会社の依頼ということにしなければならないのです。お尋ねのケースでは、コンビニ弁当を会社が用意して、それを従業員に支給しているようなので、大丈夫です。

Q 当社は残業が多いのですが、従業員の食事を準備する余裕がないので代わりに現金を支給しました。これは経費計上できますか？

A 前項で述べましたように、夜食は会社が用意しなければ福利厚生費として経費計上することはできません。が、夜間勤務の場合、会社が用意していなくても、一回300円まではは食事代を現金で支給することができます。月の上限などもありません。

これは福利厚生費として経費計上していいのです。

Q 家族でやっている会社でも、夜食を経費に計上できますか？

A できます。

たとえば、夫婦でやっている会社があったとします。夫婦ともに、毎日、夜遅くまで働いています。そして奥さんが近所のスーパーで惣菜を買ってきて、夜食を作ります。この夜食代は、会社から経費で出すことができるのです。だから、いつも残業しているような会社では、「夕食代は福利厚生費で出す」ということができるのです。極端に言えば、夕食代のほとんどを福利厚生費で出すことができるのです。もちろん、残業をしていたら、という話ではありますが。

会社が夜食代を負担したときの経費計上についてまとめましょう。

・残業している従業員（役員含む）に、会社が食事を提供した場合→費用は全額福利厚生費から支出できる

・残業している従業員（役員含む）に、会社が食事代として現金を支給した場合→300円まで福利厚生費から支出できる

従業員と一緒に朝食をとりました

［対象］
会社全般
個人事業全般

Q 従業員数名と一緒に朝食をとりました。これは経費になりますか？

A 従業員と一緒に食事をした場合、経費で落とす方法は「福利厚生費」「会議費」「交際費」の三つがあることを前述しました。

が、朝食については、「福利厚生費」からは出せません。だから、「会議費」か「交際費」を使うことになります。

会議費を使う方法

まず「会議費」から説明します。

朝食をとりながら、打ち合わせをしていれば、それは会議費として認められるわけです。

ただ、あくまでこれは会議ですから、朝食がメインになってはまずいでしょう。会議としての体裁は取らなくてはなりません。

毎日、毎日、とりあえず会議という名目だけをつくって、朝食をとっていれば、否認される恐れもあります。ただし、本当に会議をしているのであれば、それは問題ありません。

交際費を使う方法

従業員と飲食をした場合、交際費で落とすこともできると前述しましたが、これは朝食であっても同様です。交際費には、昼食、夕食はいいけれど、朝食はダメというような規定はありません。

従業員の士気を高めるために、朝食をご馳走したということで交際費として計上することができます。ただし、あまり回数が多くなると、交際費ではなく、従業員の給料として扱われる恐れがあります。その場合、事業の経費に計上はできますが、従業員は給料分の税金を払わなくてはならなくなります。

会社経営者のアパートやマンションの家賃を経費で落とせますか？

［対象］
会社全般

Q 自分（会社の経営者）が住んでいる賃貸マンションの家賃を会社の経費で落とすことはできますか？

A できます。

一定の条件を満たせば、従業員（役員を含む）の住居費を福利厚生費として支出することが認められているのです。

具体的に言えば、従業員（役員含む）が賃貸のアパートやマンションに住んでいる場合、その家賃の大半を会社が肩代わりすることができるのです。

これは、借り上げ住宅といって、簡単に言えば、役員や社員が住んでいる家（部屋）を会社の借り上げにして、社宅として役員や社員に貸す、というものです。

当然、会社が家賃の大部分を負担します。

通常、会社が社員（役員含む）に経済的恩恵を与えた場合は、それは給料に加算されることになっています。だから、会社から経済的恩恵を受けた役員、社員は、給料を増額されたのと同じように、税金も加算されるわけです。

しかし、一定の要件を満たした「経済的恩恵」であれば、社員や役員の給料とはみなさなくていい、という制度があるのです。つまり、会社から経済的恩恵を受けても、役員、社員の税金は加算されないということです。

それが、税法上の〝福利厚生費〟なのです。

そして、住宅の借り上げというのも、税法上の福利厚生費として認められているのです。

一定の要件を満たしていれば、会社が役員、社員に住宅を提供しても、それは給料とはみなされないのです。

一定の要件というのは、ざっくり言えば従業員は会社に対して約15％程度の家賃を払っていることです（家賃計算の詳細は69ページのとおり）。役員の場合は、約30％です。

さすがに家賃の全部を会社が払ってやるのは、恩恵が大きすぎるということで、15％程度は払わなくてはならないことになっているのです。

ただし、これには、家の広さに制限があり、木造住宅の場合は132平方メートル以内、それ以外の場合は99平方メートル以内ということになっています。普通の住宅では、この広さで収まると思われます。

つまり、従業員が15％程度の家賃を払っていれば、会社は福利厚生費として損金計上できる上に、社員にも税金の加算がされないのです。

たとえば、ある会社の役員が家賃15万円のマンションを借りているとします。

このマンションを会社が借り上げて、「社宅」として役員に貸し与えていることにします。役員は、15万円の30％、つまり4万5千円程度払っていれば、会社が払っている家賃は役員報酬とはみなされないのです。

この住宅借り上げ制度は、社長一人の会社だったり、家族だけでやっている会社でも適用されます。社長一人の会社であっても、社長の住居を会社が借り上げ、社長は家賃の15％程度を会社に払っておけばいいのです。

つまり、福利厚生費を使えば、社長が払う自宅の実質的な家賃は、30％程度でいいということです。

ただし小規模住宅ではない住宅（木造住宅の場合132平方メートル超、それ以外は99平方メートル超）の場合は、役員は家賃相場の50％程度を払わなくてはなりません。そして床面積が240平方メートルを超え、プールなどの豪華施設がある「豪華住宅」の場合は、役員は家賃相当の全額を払わなければなりません。

●借り上げ住宅で社員が会社に払う金額の計算式

１．小規模住宅の場合（木造１３２㎡以下、木造以外99㎡以下）①〜③の合計額 ①その年度の建物の固定資産税の課税標準額×０．２％ ②12円×その建物の総床面積の坪数 ③その年度の敷地の固定資産税の課税標準額×０．22％
２．一般住宅の場合（小規模住宅以外の場合）①と②の合計額 ①その年度の建物の固定資産税の課税標準額×１％ ②その年度の敷地の固定資産税の課税標準額×０．５％

会社の経費で家を購入する方法は？

［対象］会社全般

Q マンションや家を買うときに、会社の経費で支出することはできますか？

A できます。

会社が社員（役員含む）のために家を買う方法は簡単です。

前項で紹介した借り上げ住宅を応用すればいいだけです。

まず会社が家を買います。その家を従業員（役員を含む）に貸すという建前を取るのです。

先ほどの場合は、社員（役員含む）が住む賃貸住宅を会社が借り上げる、というものでしたが、今度の場合は、会社が家を買い、それを社宅として社員（役員含む）に住まわせる、ということだけです。

昔は、社宅を持っている会社はたくさんありましたが、基本的にその「社宅を所有する」ということと同じです。

そして社長一人の会社でも、家族経営の会社でも、この方法は使えるわけです。

だから、社長一人の会社の場合は、「自分の家を会社の金で買う」という状態になるわけです。

究極の節税アイテムと言えるでしょう。

家族企業の場合も、自分たちの家を会社の金で買うということになるわけです。

実際に、中小企業の経営者の中には、会社の金（報酬以外の）で家を買っているという人はたくさんいます。

もちろん、この家は、会社のもので、個人名義のものではありません。が、オーナー社長の場合は、会社のものは、自分のものですから、自分が持っているのと同じことです。

ただし、この家に住む場合も、固定資産税分程度の家賃は会社に払わなければなりません。

また家を買う場合、買った家は固定資産となりますので、買った年に一括で経費にするのではなく、耐用年数に応じて減価償却していかなくてはなりません（97ページ参照）。

そして、土地代の部分は、減価償却することはできず資産として計上しなくてはなりません。

自営業のアパートやマンションの家賃を経費で落とせますか？

［対象］個人事業全般

Q **フリーランス（自営業）のアパートやマンションの家賃は経費で落とせますか？**

A 賃貸アパートや賃貸マンションに住んでいる自営業者やフリーランサーの方も、家賃を経費で落とすことができます。

この場合は一つ条件があります。

それは、その賃貸アパートや賃貸マンションで仕事をしているということです。

仕事をしていれば、それは「仕事場」となりますので、賃貸料は経費で計上することができます。

また、これはアパート、マンションに限らず、一軒家でも同様です。

Q **私（フリーランス）は、賃貸マンションに住んでいて、そこで生活をし、仕事もして**

います。
生活と仕事がごっちゃになっている場合、仕事の部分を案分して経費計上しなくてはならないと聞いたのですが、どの程度を経費に計上していいのですか？

A はい、生活と仕事がごっちゃになっているような場合は、案分をしなくてはなりません。

生活部分と仕事部分の案分計算は、「合理的に算出する」ということにはなっていますが、明確な基準はないのです。

合理的な算出というと、たとえば広さなどで案分するということです。

たとえば、40平方メートルの賃貸マンション、家賃10万円に住んでいる人がいたとします。仕事には20平方メートルを使っているので、半分の５万円を経費に計上するというような感じです。

明確に分けられることができなくても、だいたいの目安で構いません。またキッチンやバス、トイレ、居間も、一部は仕事に使っていると考えることができます。

ぶっちゃけ、だいたい家賃の６割程度だったら、普通は税務署は文句を言ってきません。

が、これも時と場合によります。１００平方メートルのような広い部屋に住んでいて、明らかに仕事のスペースはその5分の1くらいしかないような場合に、家賃の6割を計上していれば、税務署としても黙っていないかもしれません。その辺は、常識的に判断してください。

Q 私は、フリーでデザイナーをしています。栃木県に実家がありますが、実家では仕事をするのに何かと不便なので、東京に部屋を借りています。普段は東京で生活をし、仕事が休みのときは実家に帰っています。その場合、東京の家賃はどの程度、経費として計上することができますか？

A 実家があり普段はそこに住んでいるけれど、仕事のために別に部屋を借りているというような場合、おおむね全額を経費に入れることができます。

もし仕事部屋に寝泊まりすることがあったとしても、仕事をしていなければ、その部屋は必要ないわけですから、「寝泊まりの部分」をプライベートと考える必要はありません。

事務所（店舗）だけじゃなく自宅家賃も経費にできますか？

［対象］
個人事業全般

Q 私は、フリーのデザイナーをしており、自宅とは別に事務所を借りて仕事をしています。ですが、事務所だけじゃなく、自宅で仕事をすることも多々あります。
その場合、自宅の家賃は経費に計上することができるでしょうか？

A 事業所や店舗、仕事場などが別にあったとしても、自宅でも仕事をすることがあるのなら、その家賃を経費に入れることができます。

自営業者やフリーランサーの場合、自宅に持ち帰って仕事をすることも多いものです。

少しでも自宅で仕事をしているのであれば、自宅家賃も当然、経費として計上できます。

その場合も、仕事に使っている部分と生活の部分を合理的に案分する必要があります。

光熱費、通信費などを経費で落とすには？

［対象］
個人事業全般

Q 私はフリーランスでWEB関係の仕事を自宅でしています。当然、仕事で光熱費や通信費も生じているのですが、これは経費で落とせるでしょうか？

A 家賃と同じように、光熱費、通信費なども、経費に計上することができます。

自宅で仕事をしている場合は、家賃のときと同じように、仕事に使っている部分と生活に使っている部分を案分することになります。

これらの経費も家賃と同じように、明確な区分ができない場合は、6割程度を目安にして、経費計上すればいいでしょう。

スーツ代を経費で落とせますか？

［対象］
会社全般

Q 仕事用のスーツ代を会社の経費で落とすことはできますか？

A できます。服も一定の条件を満たせば、会社のお金で出すことができるのです。

会社の業務で使う「ユニホーム」のようなものであれば、会社の経費で出すことができるのです。ですが、ユニホームといっても、制服である必要はないのです。

スーツでも、カジュアルな服でも、その会社のユニホームということになっていればいいのです。ただし会社のネームなどは、服のどこかにつけておいたほうがいいでしょう。

以前、大阪で、公務員に対して福利厚生費としてスーツを支給していることが問題になりました。これは、税金の無駄遣いだから問題になったわけであって、福利厚生費として問題になったわけではありません。逆に言えば、役所がやっていたということは、福利厚生費としては問題ない、ということなのです。

第3章

交際費、遊興費を経費で落とす

接待交際費を使い倒そう！

事業の利益を調整する上で、もっとも使いやすいのは接待交際費だと言えます。

交際費というのは、ざっくり言えば、仕事のために、取引先や従業員などを接待する費用のことです。

具体的に言えば、飲食費やゴルフ、旅行などのことですが、もっといろんなものに使えます。

接待交際費は、固定経費のように必ず支出しなければならないものではないので、儲かっているときには増やし、儲かっていないときには減らすというような使い方もできます。

また接待交際費は、一般に考えられているより、ずっと範囲が広いものです。だから、これをうまく使えば、事業の財務的に非常に都合がいいのです。

しかし、その一方で、接待交際費というのは、遊興費と紙一重的な面もありますので、税制上、様々な制約が設けられています。

それをきちんと理解し、効果的に使いたいものです。

●会社の接待交際費には上限がある

まず経営者が知っておかなければならないのは、会社の接待交際費には上限が設けられているということです。

法人税法では、資本金１億円を超える大企業の場合は、接待交際費（飲食代に限る）は半分しか経費（損金算入）にできません。

たとえば、接待交際費が１千万円かかった場合、損金に計上できるのは５００万円だけであり、残りの５００万円は損金算入できず、所得に加算されることになります。

また中小企業（資本金１億円以下）も、交際費を損金にできる金額の上限が８００万円までとなっています（飲食代のみの場合は、その半分の金額と８００万円のいずれか大きい額まで）。

たとえば、接待交際費が１千万円かかった場合、８００万円まではそのまま損金（経費）にできますが、８００万円を超える部分の２００万円については損金に算入できません。

●しかし会社の交際費には特例がある

このように、会社の交際費には強い制約があるのですが、その救済措置として、「本来は接待交際費に該当するけれども、接待交際費に入れずに他の勘定科目で経費計上していい」というものがあります。

非常にややこしい話ではありますが、接待交際費には制限がありますが、一定の条件をクリアすれば、経費化に制限のない他の勘定科目に入れてもいいですよ、という制度があるのです。

たとえば、会議費という勘定科目を使って、接待交際費と同様の飲食会合を行うこともできるということなのです。

●個人事業者には接待交際費の上限がない

その一方で、あまり知られていませんが、個人事業者には交際費の上限がありません。

個人事業ならば、接待交際費は全額経費（損金経理）にできるので、税金はかかりません。たとえ、1千万円の交際費がかかったとしても、全額を経費として計上できるのです。

もちろん、接待交際費に該当しない費用を、接待交際費の中に詰めこんだとしたら、それは認められません。でも、れっきとした接待交際費であれば、いくらかかっていようと経費に計上できるのです。

だから、もし多額の接待交際費がかかりそうな事業を始めようという場合は、法人組織にせずに、個人事業で行うというのも一つの手と言えます。

この章ではこれら接待交際費の様々な仕組みを理解し、上手に使いこなす方法をご紹介していきたいと思います。

しばらく取引のない取引先とゴルフに行きました

［対象］
会社全般
個人事業全般

Q 取引先とゴルフに行きました。特に商談をしたわけではありませんし、この取引先とはしばらく取引をしていませんが、これは経費で落とせますか？

A 交際費として計上できます。

会社の場合は、交際費の枠の中で（81ページ参照）経費計上できます。個人事業の場合は、全額を必要経費に計上できます。

接待交際費というのは、直接、取引をしている相手への接待だけに適用されるものではありません。間接的な取引先であったり、将来、取引があるかもしれない相手先であっても、接待交際費として計上することができるのです。

しばらく取引がない取引先であっても、今後取引があるかもしれませんし、事業のための接待であることは間違いないので、接待交際費としても問題ありません。

仕事と直接関係のない知人とゴルフに行きました

［対象］
会社全般
個人事業全般

Q 仕事と直接関係のない友達とゴルフに行きましたが、これは接待交際費に計上できるのでしょうか？

A 仕事と直接関係のない友達であっても、仕事に有益な情報を得られる可能性がある場合や、有益な知人を紹介してくれる可能性などがあれば、接待交際費として計上することができます。接待交際費に関するよくある誤解として、直接の取引や仕事に関係する相手しか接待交際費に計上できない、というものがあります。

ただの知人であっても、事業に関係する有益な情報を教えてくれたり、交友関係などから取引先の開拓に広がったりすることもあるものです。

年に何回も仕事に関係のない同じ知人とゴルフに行くなど、よほど無茶な交際ではない限り、交際費として計上しても差し支えないでしょう。

友人と飲食をした場合、接待交際費に計上できますか？

［対象］ 会社全般 個人事業全般

Q 私の友人の経営者は、よく私にご馳走してくれるのですが、「接待交際費で落とすから気にするな」と言います。
友達と飲食しても、接待交際費に計上することができるのですか？

A 仕事にまったく関係のない友人にご馳走して、それを接待交際費に計上することはできません。しかし、その人を接待することで、少しでも仕事に役に立つならば、接待交際費に計上することができます。前項でも述べたように、接待交際費というのは、事業に関する接待交際であれば、何でもいいのです。
少しでも事業に役立つ情報を持っている人、相談に乗ってくれる人などを接待するならば、立派に接待交際費として計上できます。またその友人が、仕事に有益かどうかの判断は、明確な基準はなく、事業者に委ねられています。

交際費の枠を使わずに接待交際をする方法とは？

［対象］
会社全般

Q わが社では、接待交際費の800万円の枠を使い切ってしまうので、どうにかして接待交際費の枠を使わずに、接待交際をしたいと思っております。何かいい方法はないでしょうか？

A 接待交際費には特例があります。

1人当たり5千円以下の飲食費については、交際費としての規制外とし、その全額が損金算入（経費計上）できるのです。

交際費の規制外という言い方はちょっとややこしいのですが、つまりは、一人5千円以内の飲み代であれば、接待交際費の枠に入れずに、普通に会社の経費で落とせるのです。

これは一人一人が5千円以内に収める必要はなく、一人の平均単価が5千円以内に収まればOKということです。

ただ、この特例を使う場合は、次の事項を記載した書類を残しておかなければなりません。

①その飲食等のあった年月日
②その飲食等に参加した得意先、仕入れ先、その他事業に関係のある者等の氏名又は名称及びその関係
③その飲食等に参加した者の数
④その費用の金額並びにその飲食店、料理店等の名称及びその所在地
⑤その他参考となるべき事項

この特例では社内の人間同士での飲み会は対象外となります。また一人当たり5千円を1円でも超えれば、全額が接待交際費になりますので、注意を要します。

5千円という基準額についての消費税の取り扱いは、その会社の消費税の経理処理に従うことになっています。税抜き処理をしている場合は税抜きでの計算となり、税込み処理をしている場合は税込みでの計算になります。

従業員を飲みに連れて行きました

［対象］
会社全般
個人事業全般

Q 私は小さな工務店を経営しています。
たびたび従業員を飲みに連れて行くのですが、この飲み代は、会社の経費で落とせますか？

A 会社の経営者が従業員を飲みに連れて行った場合も、もちろん経費で落とせます。

この場合は、普通は接待交際費に計上することになります。従業員を飲みに連れて行くということは、慰労という意味であり、会社から見れば接待交際ということになるという解釈です。

この場合、福利厚生費のようにすべての社員を平等に連れて行く必要はなく、一部の社員だけを連れて行っても構いません。

交際費の枠を使わずに社内の人間同士で飲食をする方法は？

［対象］会社全般　個人事業全般

Q 私は保険の代理店を営んでいますが、従業員を飲食に連れて行く機会が非常に多いです。中小企業の交際費800万円の枠を使い切っているため、交際費以外の勘定科目で従業員との飲食代を経費で落とすことはできますか？

A 一定の条件をクリアしていればできます。それは会議費を使う方法です。

58ページでご紹介した会議費では、食事だけではなく、若干のアルコールをつけることも可能なのです。目安としてだいたい一人3千円とされています（明確な基準はありません）。だから、夜の飲食代として会議費を使うこともできるのです。会社では、重要な仕事が始まるときや、終わったときに、セクションで飲みに行くことも多いものです。

そのときに、この「会議費」を使うといいでしょう。3千円程度なので、お酒が好きな方には、ちょっと物足りないかもしれませんが、ないよりはましです。

家族だけでやっている会社は会議の飲食代を経費で落とせますか？

［対象］
会社全般
個人事業全般

Q 私は水道工事会社を営んでおり、従業員は家族だけです。仕事終わりに、従業員（家族）と仕事の話し合いをしながら、飲食することが時々あります。これは会社の経費に計上できるでしょうか？

A 計上できます。

先ほど、会議費というのは、食事だけではなく、若干のアルコールをつけることも可能だと述べました。

会議費は、家族だけでやっているような小さな会社でも使用することができます。

ただしこれはあくまで会議費なので、会議としての体裁は必要です。会議にふさわしい場所でなくてはなりませんし、議事録なども残しておいたほうがいいでしょう。

取引先とキャバクラに行った費用は、経費で落とせますか?

［対象］
会社全般
個人事業全般

Q 先日、取引先を接待したときに、二次会でキャバクラに行きました。接待交際費の場合、二次会の費用は計上できないという話を聞いたことがありますが、この費用は、経費に計上できるでしょうか?

A 一定の条件をクリアしていれば可能です。

一定の条件というのは、それが必要な接待だったのかということです。

税法上は、一次会はOKで、二次会はダメというような規定はありません。だから、もし接待交際で必要であれば、それは接待交際費に含めていいのです。

日本のビジネス文化では、接待をするときに二次会までセッティングすることは普通です。銀座の高級クラブなどは昔から接待の場所として利用されてきました。また取引先を喜ばせる方法として、キャバクラは選択肢の一つと言えます。

従業員とキャバクラに行った場合は経費に計上できますか？

［対象］
会社全般

Q 私は小さな建設会社を営んでいますが、従業員と時々飲みに行きます。その際にはキャバクラに行くこともあります。
これは会社の経費として認められるでしょうか？

A 場合によっては認められますが、かなり難しいと言えます。

前項では、取引先を喜ばせるためにはキャバクラもありということを述べましたが、従業員と飲みに行くときもそれが通用するかというと、社会通念上、難しいと思われます。

従業員を飲みに連れて行く場合、それは慰労の意味合いが大きいのであり、慰労の場合に、キャバクラまで含めていいのかというと疑問の余地が生じるところです。

社会常識的には、「社長が自分の楽しみで行ってるんじゃないの？」ということになるからです。だから、これは経費に計上しないほうが無難だと言えます。

第4章

「モノを買って」経費で落とす

「モノを買う」という財務戦略

「モノを買う」ということも、事業の財務戦略としては非常に重要です。事業をやるには必要な「モノ」があります。それを、いかにいい時期にいい形で買うかということは、経営に大きな影響が出てきます。

たとえば、事業で大きな利益が出たときに、モノを買うことで利益を圧縮し、税金を減らすことができます。

ただし、「モノを買う」場合、いろいろ気を付けなくてはならない点があります。

●個人事業と会社では経理処理が若干違う

まず、「モノを買う」場合も、個人事業者と会社では、経理処理の仕方が若干違ってくるということです。

個人事業では、「買ったモノ」を事業とプライベートの両方で使用している場合は、案分して経費化するのが原則です。一方、会社の場合は、会社の事業用として購入したものは、案分する必要はありません。その代わり、会社のものは会社の事業で使用するという建前があります。

●減価償却という難問

また「モノを買う」場合には、減価償却という難問があります。

「1年以上使用できる、一定額以上のモノ」については、購入したときに全額を経費に計上できるわけではなく、使用できる期間（耐用年数）に案分して、経費化していかなければなりません。これを減価償却と言います。

この減価償却では、少し複雑な計算をしなければなりません。経理の初心者の方にとって、この減価償却が最初に立ちはだかる大きな壁となっているようです。

が、理屈さえわかれば、そう難しいものではありません。

この章では、その減価償却などを解説しつつ、モノを買うときの具体的な経理計上の仕方を、ご紹介していきたいと思います。

車の購入代金は会社の経費で落とせますか?

［対象］
会社全般

Q 私は家族でやっている小さな会社を経営しています。会社のお金に少し余裕ができたので、車を買おうと思っています。会社で車を買った場合、そのまま全額を経費に計上していいのですか?

A 会社の業務で使用する車ならば、もちろん経費に計上できますが、車の場合は、買った年に一括して経費に計上するのではなく、使用期間（耐用年数）の中で経費に計上していくことになります。

「長期間使用できる高価なもの」を購入した場合は、購入費を使用する期間に案分して経費計上することになっています。この「高価なもの」のことを固定資産と呼び、「高価なもの」の基準は原則として10万円以上になります。

自動車はこの固定資産に該当するのです。

そして、使用できる期間は、法律で定められており、これを耐用年数と言います。

普通車の場合は、耐用年数は6年ですから、購入代金を6年間で案分して経費に計上していくのです。これを減価償却と言います。

●主な固定資産の耐用年数

構造・用途	細目	耐用年数
事務所用建物	木造、合成樹脂造のもの	24
	木骨モルタル造のもの	22
	鉄骨鉄筋コンクリート造・鉄筋コンクリート造のもの	50
車両（一般用）	軽自動車	4
	普通自動車	6
	貨物自動車（ダンプ式）	4
	貨物自動車（ダンプ式以外）	5
車両（運送、自動車レンタル、自動車教習所用のもの）	小型車（排気量2リットル以下）	3
	大型車（排気量3リットル以上）	5

構造・用途	細目	耐用年数
家具、電気機器、ガス機器、家庭用品（他に挙げてあるものを除く）	事務机、事務いす、キャビネット	
	・主として金属製のもの	15
	・その他のもの	8
	応接セット	
	・接客業用のもの	5
	・その他のもの	8
事務機器、通信機器	電子計算機	
	・パーソナルコンピュータ（サーバー用のものを除く）	4
	・その他のもの	5
	複写機、計算機（電子計算機を除く）、金銭登録機、タイムレコーダーその他これらに類するもの	5
	その他の事務機器	5
	テレタイプライター、ファクシミリ	5

Q 減価償却とは具体的にどうすればいいのですか？

A 減価償却の方法には、「定額法」と「定率法」という二つの方法があります。

定額法というのは耐用年数に応じて「毎年同じ額だけ」の減価償却費を計上していくというものです。

そして定率法というのは、資産の残存価額に「毎年同じ率をかけて」、各年の減価償却費を計上していくというものです。

定額法の具体的な計算方法は、次のようになっています。

購入費 × 減価償却率 × 使用した月数／12 ＝ その年の減価償却費

定率法は計算式にすれば次のようになります。

残存価額 × 減価償却率 × 使用した月数／12 ＝ その年の減価償却費

定額法はその資産の「購入金額」に償却率をかけますが、定率法はその資産の「残存価額」に償却率をかけることになっています。そこが定額法との大きな違いです。

残存価額というのは、その資産から減価償却されてきた金額を差し引いた価額のことです。残存価額は年を経ることに、減っていきます。だから、定率法は、年を経るごとに償却費が減っていくのです。

定率法の場合、残存価額に償却率をかけて算出するものなので、いつまで経ってもゼロにはなりません。

そのため、そして、定率法には保証率というのがあって、保証率を下回った場合は、改定償却率を使って均等償却できることになっています。

両者の特徴としては、定額法は毎年同じ額の減価償却ができ、定率法は耐用年数の前半期での減価償却費が大きく、年数を経るごとに償却費が少なくなっていきます。

だから、早めに多く減価償却費を計上したい場合は、定率法を選ぶべきでしょう。

会社の場合、建物や構築物などの不動産設備は定額法、機械や機器、備品などは定率法となっています。

Q 減価償却の償却率はどういうふうに決まっているのですか？

A 定額法の償却率は「1÷耐用年数」で簡単に求められます。

定率法の償却率は法律で定められています（左表のとおり）。そして改定償却率や保証率も同様に法律で定められています。

●定率法の償却率

（平成24年4月1日以後取得のもの）

耐用年数（年）	償却率	改定償却率	保証率
2	1.000	—	—
3	0.667	1.000	0.11089
4	0.500	1.000	0.12499
5	0.400	0.500	0.10800
6	0.333	0.334	0.09911
7	0.286	0.334	0.08680
8	0.250	0.334	0.07909
9	0.222	0.250	0.07126
10	0.200	0.250	0.06552
11	0.182	0.200	0.05992
12	0.167	0.200	0.05566
13	0.154	0.167	0.05180
14	0.143	0.167	0.04854
15	0.133	0.143	0.04565
16	0.125	0.143	0.04294
17	0.118	0.125	0.04038
18	0.111	0.112	0.03884
19	0.105	0.112	0.03693
20	0.100	0.112	0.03486
30	0.067	0.072	0.02366
40	0.050	0.053	0.01791
50	0.040	0.042	0.01440

2ドアのスポーツカーは会社のお金で買えますか？

［対象］
会社全般

Q 私はネット関係の会社を経営しているのですが、この度、社用車を買いたいと思っています。
そして私はスポーツカーが非常に好きで、社用車も2ドアのスポーツカーにしたいと思っています。2ドアのスポーツカーは社用車とすることができますか？

A 一定の条件をクリアしていれば可能です。

一定の条件というのは、「主に会社の業務で使用していること」です。

「2ドアの車は社用車として認められないのではないか」ということは、昔から経理の世界で噂されていました。

たとえば、以前、『なぜ、社長のベンツは4ドアなのか？』（小堺桂悦郎著・フォレスト出版）という本が大ベストセラーになりました。

この本のオチは、「社用車は取引先を乗せなくてはならないので4ドアじゃないといけない」ということでした。

「2ドアでは、取引先などを乗せることができないので、社用車としては認めれらない。だから、社長さんのベンツは、社用車にするためにみんな4ドアなのだ」

というものです。

実は、この本の記述は間違いなのです。

2ドアの車であっても、社用車として認められた判例があるのです。

その判例では、たとえ顧客を乗せることがなく、社長一人が使うだけであっても、会社の業務で使用しているのであれば、社用車として認められる、ということでした。

この判例では、2ドア外車の持ち主は、主に通勤と業務での移動用に使っていました。この2ドアの外車とは別に個人用の自家用車を持っていて、社用車と個人用の車を完全に分けて使っていたのです。

このように、会社の業務で車を使ってさえいれば、それがどういう使い方であっても、社用車として認められる、ということなのです。

個人事業者は車の購入費を経費に計上できますか？

［対象］個人事業全般

Q 私は、WEB関係の仕事を個人事業でやっています。仕事が軌道に乗ってきたので、今度、車を購入したいと思っています。車は、業務でも使う予定です。
車の購入代金は、事業の経費に計上できますか？

A できます。

ただし、会社の社用車と同様に、購入したときに一括して経費にするのではなく減価償却をしなければなりません（97ページ参照）。

そして、個人事業者の場合は、もう一つ面倒な計算をしなければなりません。

それはプライベートと仕事の使用分の案分計算です。

家賃や光熱費のところで述べたような案分計算を、車のような固定資産でもしなければならないのです。

ただ、やり方は簡単で、減価償却費を仕事の割合分だけ計上するということです。もし、仕事の割合が8割であれば、減価償却費の8割を経費として計上すればいいだけです。

またプライベートでは一切使っておらず、事業用だけでしか使っていないというような場合は、減価償却費の全額を経費に計上することができます。個人タクシーのタクシー車両や、運送業者の軽トラックなどがこれに該当するかもしれません。

Q 個人事業者でも2ドアのスポーツカーの購入費用を事業の経費に計上することができますか？

A できます。

ただこれは事業で使っているという事実があればの話です。

営業だけでなく、仕事での移動に使っているということでも大丈夫です。

また、もちろん、普通の自動車と同様に、減価償却をし、仕事とプライベートの案分計算をした上での経費計上となります。

10万円以内のパソコンは一括経費にできますか？

［対象］
会社全般
個人事業全般

Q **今期は少し利益が出たので、パソコンを買い替えようと思っています。期末にパソコンを買っても、全額経費に計上できますか？**

A パソコンを買った場合、一括で経費にできる場合と、できない場合があります。パソコンの購入金額や、会社か個人事業者か、青色申告か白色申告かによって、ケースが変わってきますので順に説明します。

10万円未満のパソコンの場合

パソコンの購入代金が10万円未満だった場合は、全額を経費に計上できます。

前に述べましたように、普通は何年間も使用できるものは、買った年に全額を経費に計上するのではなく、耐用年数に応じて、減価償却していかなければなりません。

しかし、購入価額が10万円未満のものは、何年間も使用できるものであっても、買った年に一括して経費に計上できるのです。

これは個人事業者、会社、青色申告、白色申告にかかわらず、です。

またパソコンに限らず、10万円未満のものは、すべて買った年に一括して経費に計上できます。

青色申告の中小企業は30万円未満のパソコンも一括計上できる！

［対象］青色申告の個人事業、中小企業

青色申告をしている中小企業は、30万円未満までの固定資産ならば減価償却せずに、一括で経費計上できます。ここで言う中小企業というのは、従業員が５００人以下の中小企業のことです。

個人事業者でも会社でも同様です。

だから、青色申告をしている個人事業の方、中小企業は、30万円未満のパソコンであれば一括して経費計上できるというわけです。

これは、「中小企業者等の少額減価償却資産の取得価額の損金算入の特例」と呼ばれる制度によるものです。

この特例制度は時限的なもので、現在のところ令和6（2024）年3月31日までに購入した固定資産までが該当することになっています（もしかしたら延長になるかもしれません）。

またこの特例は、対象となる固定資産の購入限度額があり、1年間に300万円以内ということになっています。対象となる固定資産の合計額が300万円を超えたときは、300万円に達するまでの資産が対象となります。

●減価償却の特例を使える企業の条件

・資本金の額又は出資金の額が1億円以下の会社（ただし大企業の子会社は不可）
・資本又は出資を有しない会社の場合は、常時使用する従業員の数が500人以下の会社
・青色申告をしていること

期末にパソコンのサプライを大量に購入しました

［対象］
会社全般
個人事業全般

Q **今年は思ったよりも利益が出そうなので、期末に、パソコンのサプライなどの消耗品をたくさん購入しようと思っています。これは全部、経費で落とせるでしょうか？**

A 期末に消耗品を大量に購入する場合には、若干の注意が必要です。基本的には、消耗品は原則としてその年に使ったものだけが損金（経費）となりますが、事務用消耗品、作業用消耗品、包装材料、広告宣伝用印刷物などは、購入した事業年度の経費とできるようになっているのです。ただし、それも無制限に経費としていいわけではなく、次の三つの要件を満たさなければなりません。**1．毎年概ね一定数を購入するものであること。2．経常的に消費するものであること。3．処理方法を継続して適用していること。**

だから、あまりにもたくさん期末に消耗品を購入すれば、不自然な利益調整として税務署からとがめられることもあります。しかし通常より少し多い程度ならば大丈夫でしょう。

自宅用のパソコンは経費に計上できますか？

［対象］
会社全般
個人事業全般

Q 会社で使うパソコンを会社の経費で落とせるのはわかりますが、社員や役員（社長を含む）が、自宅で使うパソコンは会社の経費にできますか？

A 社員が自宅で使うパソコンであっても、それが会社の業務で使用するものであれば、経費に計上することができます。

それは役員であっても、社長であっても同様です。

サラリーマンは自宅のパソコンで会社の仕事をすることもあるはずです。またインターネットで得た情報は、会社の仕事にも役立つはずです。

現代社会ではパソコンは必需品です。仕事や生活の情報収集で、パソコン、インターネットは欠かせないものです。サラリーマンは、会社だけでなく自宅にもパソコンを持っているという人がほとんどでしょう。

だから、会社が購入したパソコンを社員に貸与するという形を取れば、社員の自宅のパソコンを会社の経費で落としても問題はありません。

また自宅でのネットの通信費も会社から支給してもらうことができます。仕事のことで、自宅でネットを使うことが少しでもあれば、それは会社の経費で出すことができるのです。

ただし、この方法も気を付けなくてはならない点があります。

パソコンはあくまで会社の持ち物ということになります。自宅に持ち帰っても大丈夫ですが、税務調査などが行われるときには、会社に持って来られる状態にしておいたほうがいいでしょう。また処分するときも、勝手に処分するのではなく、会社経由で処分しなければなりません。

個人事業の場合

個人事業の場合も、自宅で使っているパソコンを経費で落とすことができます。

ただし、原則としてはこれも仕事で使っている部分とプライベートで使っている部分を案分しなくてはなりません。

携帯電話代も会社の経費で落とす！

［対象］
会社全般
個人事業全般

Q 携帯電話代を会社の経費で落とすことはできますか？

A 携帯電話も、会社の業務で使うものであれば、もちろん会社の経費で落とすことができます。

現代人にとって、携帯電話は不可欠なものです。

携帯電話は、会社の業務でも必要不可欠なものであり、実際に携帯電話を会社から社員に貸与しているところも多いです。

Q その携帯はプライベートで使うことはできませんか？

A 主に会社の業務で使っているという事実があれば、多少、プライベートで使っていたとしても、問題はありません。会社の物を個人的なことに使うのは、サラリーマンの世界ではよくあることで、よほど目に余るものでない限り、それでおとがめを受けることはありません。

ただし、携帯電話代を会社が負担する場合、利用内容などが会社にわかりますので、その点は注意が必要かもしれません。

個人事業の場合

個人事業の場合でも、仕事で携帯を使用したならば、その費用は経費に計上することができます。

ただし自分の私物を仕事で使ったようなときには、プライベートと仕事で案分しなければなりません。

たとえば、プライベートと仕事で半々に使用している場合は、携帯代の半分だけを経費として計上することになります。

自宅のテレビやＡＶ機器を経費で落とせますか？

［対象］
会社全般
個人事業全般

Q 自宅用のテレビやＤＶＤを購入しました。これは会社（事業）の経費で落とせるでしょうか？

A 無条件に経費で落とせるわけではありませんが、一定の条件をクリアしていれば、落とせます。

一定の条件とは、簡単に言えば「仕事に関係する」ということです。

少しでも仕事に関係していればＯＫですが、無関係ならば難しいでしょう。

オフィスか仕事をする部屋に置いておき、仕事中につけたり、来客のときにつけたりしているのなら、まず問題なくＯＫです。

純然たる自分の部屋に置いていて、プライベートで見ているだけならば「私用のもの」とされ、経費として計上することは難しいでしょう。

しかし、テレビなどで仕事の情報を常に収集しているような場合は、経費で落とすことができます。

たとえば、雑貨店を営んでいる人が、テレビで海外ではどういう雑貨が流行しているのかなどをチェックしたり、経済情報、経営情報などを常に見ているような場合です。

これは、判断が難しいところなので、「仕事に使っている」という方は、証拠としてそういう番組の録画などを残しておいたほうがいいかもしれません。

書籍、雑誌代を経費で落とせますか？

［対象］　会社全般　個人事業全般

Q 私は通勤途中や出張時などに、雑誌を買うことがしばしばあります。また書籍を非常によく購入します。この書籍代や雑誌代は、事業の経費で落とすことができるでしょうか？

A 業務に関係のある書籍や雑誌などは、当然、事業の経費に計上できます。

これは直接、仕事に関係するもののみならず、間接的に関係するものも含まれます。業界や世間の動向をつかむためや、一般知識を得るなどの研鑽《けんさん》のために、本や雑誌を買っている人も多いはずです。

それらの本や雑誌は、事業内容と直接関係がないものであっても、少しでも仕事に役立つ部分があれば、経費から出すことができるのです。

一般週刊誌などでも、経済動向などの重要な情報源ですから、当然、費用として認められます。

営業職の人などは、顧客との世間話に役立つということになりますので、スポーツ新聞、雑誌全般、売れている書籍等も、経費の対象としていいでしょう。

これは、会社でも個人事業でも同様です。

この場合、勘定科目は、「情報費」としてもいいですし、明確に「書籍代」としてもいいでしょう。

消費者金融の利子も経費で落とせますか？

［対象］
会社全般
個人事業全般

Q 私はフリーランスでライターをしていますが、収入が不規則のため、時々、お金が足りなくなって、消費者金融などからお金を借りることがあります。この消費者金融の利息は、経費で落とせますか？

A 事業に関わる支出で、消費者金融からお金を借りた場合は、その分の利子は経費に計上することができます。

消費者金融からの借金を、生活費と事業経費の両方に使って明確に区分ができないという方もいると思われます。

こういう場合も、家賃のときと同じ要領で案分しましょう。

使ったお金のうち、仕事に関係する支出がどのくらいかを計算して、利子もその案分割合で経費に入れるのです。

この支払利子の経費計上は、忘れられがちです。消費者金融の利子というのは、かなり高いものなので、ぜひ忘れずに計上したいものです。

Q **私は会社を経営していますが、運転資金が足りずに時々、消費者金融から借金をすることがあります。消費者金融からの借金は会社名義ではなく、自分個人の名義で行っています。**
その場合、支払い利子は経費に計上できるでしょうか？

A できます。

個人名義で借り入れたお金であっても、会社の事業のために借りたものであれば、会社の借金とすることができます。

当然、利子も会社の経費で支払うことができます。

第5章

人件費を経費で落とす

人件費は「節税」のカナメ

事業者にとって、人件費というのは非常に大きいものです。

人件費の使い方次第で、事業の経費は大きく変わってきますし、それは当然、利益や税金にも影響します。人件費をうまく使いこなせるかどうかが、節税のカナメと言えるのです。

そして、人件費というものも、「会社形態」と「個人事業形態」では大きく違います。なので、まず会社と個人事業の人件費の取り扱いについて説明しておきたいと思います。

●会社は経営者自身にも給料（報酬）が払える

会社の場合、オーナー社長といえども、会社から報酬をもらう「給与所得者」という建前になります。だから、会社は、オーナー経営者に対して人件費を支出することができるのです。

税法の上では、経営者も社長も同じように「会社から雇われている人」という形になります。平社員も、経営者も、税法上は「サラリーマン」なのです。

そして経営者が受け取った報酬は、税法上は他の従業員の給料と同じように扱われます。つまり、経営者は自分が受け取った報酬が、「給与所得」ということになります。経営者の毎月もらう報酬額は、従業員の給料と同じように税金や社会保険料が源泉徴収で差し引かれます。

そして給与所得ということは、「給与所得控除」が受けられるのです（詳細は１２８ページ）。

●「会社の所得」と「経営者の所得」は違う

このように、会社は経営者に対しても、人件費として報酬を払うわけなのですが、では、会社自体の所得はどうなっているのかというと、ざっくり言えば次のようになります。

会社の売上－経費－経営者の報酬＝会社の所得

この会社の所得に対して、法人税、法人住民税などが課せられるのです。そして、この税金を払った後の残額を、株主などへの報酬に充てるのです。

だから、オーナー経営者の場合は、会社から二つのルートで報酬を得ることになります。一つは、経営者としての役員報酬です。もう一つは、オーナーとしての配当です。役員報酬には個人の所得税がかかりますが、配当所得にも同様に個人の所得税がかかります。役員報酬への所得税と配当への所得税というのは、税率が違いますので、うまく調整すれば節税になります。

●個人事業者には「自分に対する人件費」という考え方はない

一方、個人事業者の場合は、「自分に対する人件費」や「配当」という考え方はありません。

事業の売上から経費を差し引いて、「利益」を算出します。この「利益」が、事業者の取り分ということになり、税法用語でいえば「事業所得」ということになります。

前項では、会社のオーナー経営者は、会社から二つのルート（役員報酬と配当）で報酬を得るということを説明しました。が、個人事業者の場合は、役員報酬も配当もないのです。

事業で得られた利益が、そのまま自分自身の所得になります。その所得に対して個人の所得税が課せられるだけです。

●個人事業者と会社では人件費はどちらが使いやすいか？

会社の場合は、経営者自身にも人件費として報酬を払うことができますし、家族や親族などにも役員や従業員にすれば給料を払うことができます。

個人事業の場合は、自分自身には人件費を払うことはできませんし、家族や親族などへの給料にも若干の制約があります。

しかし、会社の場合も、役員への報酬は期中で増額できないなどの制約があるので、どちらがいいかというのは、ケースバイケースとなります。

会社にすれば経営者の所得税が安くなりますか？

Q 会社をつくれば経営者は会社から報酬を得る「給与所得者」になり、経営者の所得税が安くなると聞きました。
これはどういうことなのですか？

A 先ほどもご説明しましたように、オーナー経営者も税法上は、給与所得者になり、給与所得控除が受けられます。

給与所得控除というのは、通常サラリーマンは必要経費の計算が認められていないので、必要経費分として収入からあらかじめ一定の額を控除しましょう、という制度です。控除される金額は、左の表のとおりです。

もし1千万円の報酬をもらっていれば、給与所得控除が195万円なので、差し引き805万円が課税の対象所得になるということです。

この給与所得控除は個人事業者にはない制度なので、「会社をつくって役員報酬を払えば経営者の所得税が安くなる」というわけです。

しかし会社は、いくら儲かっていても、期中で経営者の報酬を増額することはできず、役員報酬を差し引いた残額部分は会社の所得に加算されます。そして、会社の所得に対しては法人税が課せられます。だから、個人事業者と会社経営のどちらが税金が安いかは一概には言えません。

●令和2年以降の給与所得者控除

給与等の収入金額 （給与所得の源泉徴収票の支払金額）	給与所得控除額
1,625,000円まで	550,000円
1,625,001円から　1,800,000円まで	収入金額×40％＋100,000円
1,800,001円から　3,600,000円まで	収入金額×30％＋80,000円
3,600,001円から　6,600,000円まで	収入金額×20％＋440,000円
6,600,001円から　8,500,000円まで	収入金額×10％＋1,100,000円
8,500,001円以上	1,950,000円（上限）

経営者の給料は決まった額しか払えないのですか?

［対象］
会社全般

Q 会社の経営者の給料は、期中で増額したりできないと聞いたのですが本当ですか?

A 本当です。

会社の税務では、役員報酬は事前に決められているか、毎月同額の報酬が支払われるというのが原則となっています。

特に経営に携わっている役員は、期中に役員報酬を増減することはできないことになっています。「使用人兼務役員」と言って、役員と言っても使用人に近い立場の人は、賞与をもらったりすることもできます。

しかし、中小企業のオーナー社長のように、経営と所有を兼ねているような立場の役員は、「使用人兼務役員」にはなることができませんし、その配偶者も経理などをしている場合は「経営に関与している」として、「使用人兼務役員」にはなれません。

だから役員報酬を期中で増額することはできないのです。

期中に役員報酬を上げると、それは会社の損金としては計上できずに、所得に加算されることになります。だから、経営者は役員報酬として自分の所得税を払った上、会社はその分の法人税を払わなくてはならないのです。非常にバカバカしいことになるのです。

Q 会社の経営者には、ボーナスを出すことはできないと聞いたのですが本当ですか？

A 半分本当です。

前項で述べたように、役員報酬は事前に決められているか、毎月同額の報酬が支払われるというのが原則です。

だから、ボーナスを出した場合は、会社の損金としては計上できずに、所得に加算されることになります。

ただし、事前確定届出給与といって、事前にボーナスを支給する額と、支給する日を決めていた場合は、ボーナスを出すこともできます。

経営者にもボーナスを出す方法が？

［対象］
会社全般

Q 事前確定届出給与を使えば、経営者にボーナスが出せると聞いたのですが、これはどういうものなのですか？

A 前述したように、経営者には原則としてボーナスは出せないことになっています。

しかし世間では、サラリーマンはボーナスをもらえることが普通ですし、経営者だけがもらえないとなると不自然でもあることから、「事前に決められた額を払うのであれば、ボーナスの支給を認めましょう」という制度があるのです。これは事前に支給時期、支払い金額を記入した届出書を出していれば、役員にボーナスを出しても、経費と認められるというものです。

事前に決めた額を払うものなので、儲かった年の期末の利益調整に使うということはできません。

が、やり方によっては、利益調整として使えないこともありません。

「事前確定届出給与」の届出書は、定時株主総会で決定してから1か月を経過した日（もしくは事業年度開始から4か月以内の日のどちらか早い日）までに、税務署に提出することになっています。

事業年度が始まって4か月といえば、すでに3分の1が経過しています。今年は儲かりそうかどうか、景気はどうか、ということのかなりの部分はわかるはずです。

だから、事業年度が開始して4か月の間に、会社の業績見通しに合わせて、ボーナスの支給額を決めればいいのです。

この「事前確定届出給与」の届出書では、賞与を払う理由も書かなければなりません。

しかし理由といっても、そう難しく考えることはありません。

「社員に賞与を出しているのだから、経営者にも賞与も払ったほうが人件費の流れとしてやりやすい」

「その時期に賞与を払ったほうが、資金繰りが楽である」

などの理由を書いておけば十分ですし、理由によって却下されるようなことはほとんどありません。

役員報酬は高すぎても大丈夫ですか？

［対象］
会社全般

Q 私はＷＥＢ制作関係の会社を経営しています。業績がいいので、来期は役員報酬を上げようと思っています。しかし、あまり役員報酬が高いと税務署から否認されると聞いたのですが、妥当な役員報酬の額というのは、どうやって決めればいいのですか？

A 税法では一応、役員報酬の額は著しく高くてはダメということになっています。

しかし、これは、経営者の家族などが役員の肩書を与えられ、ほとんど仕事もしていないのに、多額の報酬を得たような場合に適用されるものであり、経営者自身が会社の業績に合わせて役員報酬をもらう場合は、それほど神経質になる必要はありません。

経営者の報酬というのは、企業の業績をそのまま反映させるべきものなのです。企業が経営者にそれだけの報酬を払う体力があるならば、払ってもいいわけです。

赤字なのに役員に多額の報酬を払っている半官企業などはくさるほどありますし、民間企業は何も税金を使って報酬を払っているわけではないですし、稼いだ金から代表者にいくら払おうと文句を言われる筋合いはないということです。

「同規模の同業者と比べて著しく高くない報酬にしなければならない」

という税理士もいますが、これもそれほど絶対的なものではありません。同規模の同業者でも「全然儲かっていない事業者」と「とても儲かっている事業者」が同じような報酬になることはあり得ないからです。

また役員報酬というのは、前述したように期中に増額することはできません。だから、高めに設定しておいたほうがいいと思われます。

もし会社の業績が予想よりも大きく悪化した場合は、報酬を下げればいいのです。経営者の報酬は、期の途中で増額することはできませんが、減額したり、未払いにすることは、ギリギリ認められているのです。景気が悪くなって、会社にお金がなくなれば払いたくても払えませんからね。

税務上、減額には要件がつけられていますが、経営が厳しい企業が役員報酬を下げるのは当たり前のことなので、税務署もこの点は厳しいことを言えないのです（ただし、減額した場合でも、その期中は減額後の金額に固定しておかなくてはなりません）。

家族を従業員にした場合、普通に給料を払っても大丈夫？

［対象］
会社全般

Q 私は、小さな工務店（会社）を営んでいます。
家族に仕事を手伝ってもらいたいと思っているのですが、家族の場合も普通に給料を払うことはできますか？

A 家族であっても、実際に仕事をしているのであれば、給料を払うことができます。

むしろ中小企業にとってもっとも手堅い節税策は、家族や親族を会社の中に入れることだと言えます。家族や親族に給料を払うことで、経営者の収入を分散すれば、会社の利益を圧縮することができ、その分の税金が安くなります。

もちろん、家族や親族を従業員にする場合は、ちゃんと仕事をしていなければなりません。何も仕事をしていないのに、形式的に従業員ということにして給料を払っていれば、架空経費ということになり、税務署から厳しいおとがめを受けます。

Q 家族を従業員にする際に、気を付けることはありますか？

A 家族に払う給料に関しては、税務署もそれなりに厳しい目を向けます。だから、会社も相応の注意をしなければなりません。

しかし給料を払うための基本条件をクリアしていれば、税務署が文句を言うことはありません。

その基本条件とは、まず第一に、「ちゃんと仕事をしている」ということです。先ほども述べたように、何も仕事をしていないのに形式上だけ従業員にして、給料を払っていれば、税務署から否認されます。

しかし、実際になんらかの仕事をしていれば、税務署のほうも文句はありません。

そして、次の条件は、世間の相場と著しくかけはなれていないことです。

世間の相場というのは、「その仕事を第三者に依頼した場合、どのくらいの給料を払うのか？」ということです。

また、給料の額もそう高くなければ、税務署は目くじらを立てることはありません。世間並みよりも若干待遇がいい、というような程度ならば、税務署も文句は言えないのです。

経営者の配偶者はボーナスがもらえない?

［対象］
会社全般

Q 私は小さな会社を経営しています。従業員は妻だけです。
自分にはボーナスが出せないので、妻にボーナスを出そうと思っています。
しかし経営者だけじゃなく、経営者の配偶者（妻もしくは夫）もボーナスをもらえないと聞いたのですが、これは本当ですか?

A 半分、本当です。

経営者の配偶者の場合、役員ではなくて、普通の社員であっても、役員と同等とみなされることがあるのです。

税法では、従業員であっても、その人の雇用状態によっては役員とみなされる場合があるのです。これを「みなし役員」と言います。

この「みなし役員」となると、役員と同様に、期中で給料を上げたり、ボーナスを払ったりすると、経費に計上できなくなるのです。そして、経営者の配偶者などは、この「みなし役員」とされることが多いのです。

Q どういう場合に、「みなし役員」になるのですか？

A どういう人が「みなし役員」となるか、というと主に次の二つの条件のいずれかに合致した場合です。

まず第一の条件として、会社の使用人以外の人で、会社の経営に従事している人は、役員とみなされます。具体的に言えば、相談役、顧問などの名称で経営に実質的に携わっている人のことです。

次に使用人（従業員）の場合、その人の持ち株が次項の条件をすべて満たしており、その会社の経営に従事している場合は、「みなし役員」となります。

●みなし役員とされる持ち株の条件

・その人の持ち株割合（配偶者分含む）が5％を超えている
・その人の同族グループ（血族6親等、姻族3親等以内）で持ち株割合が10％を超えている
・同族グループ3位までの持ち株割合が50％を超えている

この条件を見ると、中小企業のオーナー社長の場合、株の100％を持っていることがほとんどなので、中小企業の社長の奥さんのほとんどは、株の保有条件では「みなし役員」ということになります。

だから、オーナー経営者の妻が経営にタッチしていれば、その妻が役員ではなくても、ボーナスは払えないということになります。

Q 経営者の妻が経営にタッチしているかどうかというのは、どういう基準で判断されるのですか？

A 実は「配偶者が経営にタッチしているかどうか」については、具体的な線引きはあり

ません。

国税では、だいたい「経理をしていればアウト」というような考え方をしているようです。つまり、奥さんが経理をしているのなら、会社の経営に携わっている「みなし役員である」と考えるということです。

国税の考え方は絶対ではありませんが、税務の現場ではだいたいこの考え方が取り入れられているようです。

だから、ざっくり言えば「配偶者（妻もしくは夫）が経理を担当していたら、報酬は期中で増額できないしボーナスも出せない」ということになります。

しかし経理にタッチせず、単なる雑用であったり、普通の会社の業務しかしていないのであれば、「みなし役員」とはされずに、普通の従業員と扱われ、ボーナスも払えますし、期中で給料の増額もできるということです。ただし、その場合は、「単なる従業員」ということですので、それほど高額な給料は支払えないというジレンマが生じます。

経営経験のない親族を非常勤役員にできますか？

［対象］
会社全般

Q 私は、今度新しく会社をつくろうと思っています。その際に、親を監査役として非常勤役員にしようと思っています。親は、特に経営経験や経理経験などはありません。問題ないでしょうか？

A 一定の条件はありますが、問題はありません。

一定の条件というのは、「なんらかの仕事をしていること」です。非常勤役員の場合も、家族を従業員にしたときと同様、まったく会社の業務に関与していないのであれば、税務署からおとがめを受けることもあります。

が、常勤役員や従業員のように、日常的に決められた業務を行う必要はありません。時折、会社の会合に参加したり、会社に対して助言を与えたりしていれば、問題ありません。

大企業などでも、ほとんどの非常勤役員は、そういう仕事しかしていません。大企業では、有名タレントや有名スポーツ選手が形ばかり、非常勤役員になっているケースも多々あります。

非常勤役員というのは、その名の通り、常勤しない役員のことです。会社に関する助言を与えたり、いざというときに交渉その他をするための役員です。

非常勤役員は、毎日出社する必要はありませんし、これといった業務をしていなくても大丈夫です。だから、非常勤役員にするための条件は、普通の役員や従業員よりも、かなりハードルが低いと言えます。

逆に言えば、税務署が非常勤役員を「仕事をしていない」として否認するのは、かなり難しいのです。

ただし、念のため非常勤役員の行った業務、助言の類などの記録は残しておくといいでしょう。

また非常勤役員の報酬も注意が必要です。普通の役員よりは低くしておかないとまずいでしょう。

社員の中に他人と家族が混在している場合の注意事項

［対象］
会社全般

Q 私は医療関係の設備を扱っている会社を経営しています。普通に社員を３人ほど雇っていますが、妻も経理担当にして給料を払っています。こういう場合、給料の払い方や仕事のさせ方などで、気を付けなくてはならないことはありますか？

A 会社の中に、家族と他人（家族以外）の社員が混在している場合は、給料の払い方などで、もろもろの注意が必要です。

基本的な考え方としては、家族社員も他人の社員も、同じような待遇にしなければならないということです。

家族以外の社員と比べて、明らかに給料などの待遇が違う場合は、問題とされることもあります。

たとえば、同じような仕事をしているのに、家族社員だけ給料が非常に高かったり、家族社員だけにボーナスが出る、などという場合は、まずいでしょう。

出世に違いがあったり、家族社員は最初から役員などの肩書があったりというのは、税務上の問題はありません。そういう会社はたくさんありますので。

ただし、そういうことは、会社内の規律上や、モチベーションで問題が生じてくるかもしれません。その点は、本書の趣旨ではないので、深く追及はしません。

また福利厚生などで家族だけが優遇されているというのも問題となります。

たとえば、家族社員は、会社のお金でスポーツジムに行けるけれども、他の社員は行けないというようなことではダメなのです。福利厚生でスポーツジムに行くことができるようになっていれば、家族社員も他の社員も同様にスポーツジムを使えるようになっていなければならないのです。これは形式上のことだけじゃなく、実質的にそうなっていなければなりません。

福利厚生費というのは、中小企業にとって非常に有効な節税アイテムなのですが、これは全社員が公平に享受できるようになっていなければならないのです。

家族社員と家族以外の社員が混在している場合は、常に「客観的に見て妥当な待遇」ということを考えなければならないのです。

個人事業でも妻や家族に「給料」を払えますか？

［対象］ 個人事業全般

Q 私は個人事業で雑貨店を営んでいます。妻に仕事の手伝いをしてもらっており、妻に給料を払いたいのですが、事業の経費として妻に給料を払うことは可能でしょうか？

A 個人事業であっても、妻や家族が仕事をしている場合は、給料を払うことができます。ただし、個人事業の場合は、若干の制約があります。しかも青色申告の場合と白色申告の場合では条件が違ってきます。
　順に説明しましょう。

青色申告の場合

個人事業で、家族が仕事を手伝っているような場合、専従者控除といって、家族に給料を払ったとみなして必要経費に計上できる制度があります。

この専従者控除には、青色申告の場合は、主に次のような条件があります。

・事業者と生計を一にしていて、その年の12月31日現在で年齢が15歳以上。
・給料の額は、事前に届出書を出すこと（給料は、届出書に記載された範囲の額までであり、いくら儲かった年でもそれ以上は出すことはできません）。
・その業務の対価として適正であること。
・ほかの仕事をしたり、学校に通ったりして、1年間のうち6か月以上従事できない場合は、対象とはなりません。
・遠方に住んでいる親族も対象にはなりません。

この条件を満たしていれば、金額の上限などはありません。

「その業務の対価として適正であること」というのは、簡単に言えば、その仕事に見合う給料かどうかということです。仕事内容に比して、著しく高いような給料で過大とされる部分は必要経費とはなりません。

仕事に見合う給料かどうかということの判断基準は、会社のときと同じように、その仕事を第三者に頼んだ場合、どのくらいの給料を払わなければならないか、ということです。

しかし、これは、かなり広い範囲で考えることができます。

たとえば、ちょっとした雑用であっても、それを第三者に頼んだ場合は、それなりの給料を払わなくてはなりません。

仕事中にお茶を入れてくれる、仕事部屋を片付けてくれる、仕事の電話がかかったら応対してくれる、仕事の雑用をこなしてくれる、それだけでも第三者を雇えば、普通に給料を払わなければなりません。

また専従者控除を受けた場合（妻に給料を払った場合）、妻の配偶者控除及び配偶者特別控除は受けられません。

白色申告の場合

白色申告の場合も、「専従者控除」を受けることができますが、青色申告よりも少し条件が厳しくなっています。

白色申告の主な条件は次のようになっています。

・事業者と生計を一にしていて、その年の12月31日現在で年齢が15歳以上。
・その業務の対価として適正であること。

・上限があり、妻（配偶者）は年間86万円、他の親族ならば年間50万円。
・事業所得を専従者の数に１を足した数で割った金額以上の給料を出すことはできません。たとえば、専従者控除を差し引く前の事業所得が１００万円で、専従者の数が１人だった場合、１００万円割る２で、50万円となり専従者控除の上限は50万円ということです。
・ほかの仕事をしたり、学校に通ったりして、１年間のうち６か月以上従事できない場合は、対象とはなりません。
・遠方に住んでいる親族も対象にはなりません。

また白色申告の場合も、専従者控除を受ければ（妻に給料を払った場合）、妻の配偶者控除及び配偶者特別控除は受けられません。

生計を一にしていない親を雇った場合、給料が払えますか？

［対象］
個人事業全般

Q 私は、個人事業で飲食店を営んでいますが、親に仕事を手伝ってもらった場合、給料を払えるでしょうか？
親は、一緒に住んではいないので、いわゆる「同居家族」ではありません。

A 個人事業者が親族に仕事を手伝ってもらった場合、給料を払うことができます。
が、生計を一にしているかどうかで、その経理処理の方法が変わってきます。

生計を一にしている場合

生計を一にしている場合は、前項でご紹介した「専従者控除」ということになります。
だから、いくつかの条件をクリアしなければなりませんし、制約が出てきます（146〜149ページ参照）。

生計を一にしていない場合

生計を一にしていない場合は、普通に給料を払うことができますし、全額を経費に計上することができます。

それは青色申告も白色申告も同様です。

またこれは、実の親や兄弟であっても同様です。親や兄弟であっても、生計を一にしていなければ、他人を雇ったときと同様に給料を払うことができるのです。

ただし、この場合、仕事をきちんとしているかどうか、その仕事に見合う給料かどうかというのは問われることになります。

妻や子供の場合は、普通に給料を払うのは、ちょっと難しいかもしれません。妻や子供は生計を一にしているものなので、専従者控除を受けるのが普通だと言えます。

ただし、子供の場合は、独立して明確に「生計を一にしている」ということでなければ、専従者控除ではなく、普通に給料を払うこともできるでしょう。妻の場合は、別居していたとしても、社会常識的に「生計を一にしている」とみなされるので、普通に給料を払うのはやめておいたほうが無難でしょう。

第6章

レジャー費を経費で落とす

レジャー費は福利厚生費で落とそう！

この章では、レジャー費を事業の経費から出す方法をご紹介していきます。

レジャー費を経費で落とすための、もっともオーソドックスな方法は福利厚生費を使うことです。

何度か触れましたが、企業経理では福利厚生費という経費が認められています。

福利厚生費というのは、会社の従業員の福利厚生などにかける費用です。そして福利厚生費の範囲は意外に広く、コンサートのチケット、スポーツジムの会費などのレジャー費なども OK なのです。

レジャー費用のどこまでを福利厚生費で負担していいのか、その範囲が気になるところですが、実は、福利厚生費の範囲というのは、厳密な線引きはないのです。

福利厚生などというものは、時代とともに変わるものなので、厳密な線引きはなかなかできないのです。

たとえば最近では、企業によっては、様々なユニークな福利厚生をしている場合もあります。会社にネイリストを招いて社員に自由にネイルをできるようにしている会社もあります。また会社内にバーをつくって、そこで自由に飲み食いできるようにしている会社もあります。スポーツカーを何台も購入し、社員がデートなどで自由に使えるようにしている会社もあります。

これらの福利厚生については、税務署が明確にOKを出しているわけではありません。それぞれの会社が独自に判断しているわけです。

だから福利厚生費については、企業それぞれが判断しなければならない部分も多いのです。

●福利厚生の基本的な考え方とは？

福利厚生の基本的な考え方をご説明すると、だいたい次の三つになります。

・社会通念上、福利厚生として妥当なものであること

・一部の社員のみが享受できるものではなく、社員全体が享受できるものであること

・会社が準備すること

この三つの条件にマッチしていれば、だいたい福利厚生費として認められるというわけです。

一つ目は、「社会通念上、福利厚生として認められるもの」です。

福利厚生費の範囲というのは、世間の価値観に委ねられています。だから、大企業などを参考にして、それにかけ離れていないものならば大丈夫ということです。

二つ目は、社員のだれもが同様に享受できるものであることです。役員など、ごく一部の人しか使えないものではダメということです。

これは必ずしも、だれもが同じだけ使わなくてはならないということではありません。たとえば、スポーツジムなどの場合、だれもがスポーツジムに行ける状況さえ整っていればいい、ということです。

三つ目は、福利厚生はあくまで会社が社員に支給するという形を取らなくてはならない、ということです。社員が自分で何かを購入したりサービスを受けたりして、会社はお金を出すだけ、という形ではダメなのです。

●個人事業はレジャー費が認められない？

現在、税務署では個人事業者自身や事業者家族への福利厚生は認めていないということを前述しました（32〜33ページ参照）。

だから福利厚生費として支出するレジャーは、個人事業者は大きな制限を受けることになります。

従業員がいる事業者が、従業員のためにレジャー費を出したような場合は、福利厚生費として認められますが、自分自身や家族のために支出したものは認められないのです。

会社組織にしていれば、家族だけでやっている会社であっても福利厚生費は認められます。個人事業者にはそれが認められないというのは、納得のいかない部分ではありますが、現状としては仕方ないのです。

だから、レジャー費関連、福利厚生関連について言えば、個人事業でやるより、会社組織にしたほうが得だということになります。

家族で遊園地に行きました

［対象］ 会社全般

Q 私は小さな会社を営んでいます。社員は私だけです。家族で遊園地に行きたいと思っていますが、この費用は会社の経費で落ちますか？

A レジャー費用も、福利厚生費で出すことができます。

遊園地の入場料なども、大丈夫です。従業員（経営者、役員含む）本人の分だけではなく、家族の分もＯＫです。

レジャー費用といっても、かなり範囲は広いので、どこからどこまで認められるのか、というと不安になる方も多いはずです。

このレジャー費は、どこからどこまでならば福利厚生費として認められる、という明確な基準はなく、税法では「世間一般で福利厚生として認められる範囲」ということになっています。大企業、官庁で取り入れられている福利厚生ならば、まず大丈夫です。遊園地なども、その範囲と考えていいでしょう。

ただし、ここで気を付けなくてはいけないのが、一部の社員のみが対象になっていては ダメ、ということです。これは全員に同じようなレジャーを提供するということではなく、「希望すればだれでも享受できるような仕組み」になっていればOKです。

家族でやっている会社は、家族で遊園地に行ってもいいわけですが、もし他に従業員がいる場合は、その従業員も行けるような仕組みになっていなければならないのです。

またあまりに何回も行くとマズイでしょう。

福利厚生費は、世間一般の常識の範囲内ということなので、その辺は気を付けてください。

またレジャーに関する費用（チケット代）などは、会社が手配し、それを社員（経営者、役員含む）に配布するという形を取らなくてはなりません。社員（役員含む）が自分で購入し、会社はその代金を後から支給するという形になっていたり、会社はお金だけを出すというのはNGです。もしそういう形であれば、社員（役員含む）に対する給料（報酬）という扱いになります。

スポーツ観戦のチケットは会社の経費で落とせますか？

［対象］
会社全般

Q 私は広告関係の会社を経営しています。プロ野球のチケットを購入して野球観戦したいと思っていますが、このチケット代は会社の経費で落とせますか？

A 落とせます。

前項では、遊園地の入場料が会社の経費で落とせるということをご紹介しましたが、野球、サッカーなどのスポーツ観戦の費用も福利厚生費で落とすことができます。

野球やサッカーなどのスポーツ観戦に限らず、コンサートやサーカスなどの観劇費用も福利厚生費で落とすこともできるのです。

スポーツ観戦や、観劇は、年に何回までという縛りはありません。

ですが、福利厚生費として常識の範囲以内ということになっているので、さすがに毎月ということになると、まずいかもしれません。

回数などについては、一応会社の規則で、年何回と決めておいたほうがいいでしょう。一番いいのは、就業規則にきちんと定めておくことです。

社長一人でやっている会社、家族だけでやっている会社でも、もちろん使えます。

このスポーツ観戦、観劇の場合でも、気を付けなくてはならない点は、遊園地などと同様に一部の社員のみが対象になっていてはダメ、ということです。

またスポーツ観戦、観劇についても、あくまで会社が用意したものを社員に支給したという形をとらなくてはなりません。チケット代を現金でもらうと、給料と同じ扱いになってしまいます。

Q スポーツ観戦をしたくない社員もいるのですが、その人にもチケットをあげなくてはなりませんか？

A それは必要ありません。

すべての人に同じように福利厚生を施すのではなく、条件が同じになっていればいいのです。「希望する人はもらえる」という条件が、社内で同じになっていればそれで大丈夫です。

スポーツジムの会費を会社の経費で落とせますか？

［対象］
会社全般

Q スポーツジムに入会しようと思っているのですが、これは会社の経費で落とせますか？

A スポーツ観戦、観劇などのレジャーだけではなく、スポーツジムなどの会費も落とすことができます。

スポーツジムの会費を福利厚生で出している企業はいくらでもありますし、官庁でもスポーツジムの法人会員になっているケースもありますので、まったく問題なく使えます。

ただいくつか気を付けなくてはならない点があります。

まず月々の会費は、福利厚生費として損金処理することができますが、入会金は資産として計上しなければなりません（あとで返却されないものは、加入期間で案分して償却することになります）。

そして、これも複数の従業員がいる場合は、従業員全般が利用できるようになっていなければなりません。役員など特定の人しか利用できない場合は、その特定の人の給料になり、所得税がかかります。

経営者一人の会社では、経営者一人で利用することはできますが、もし他の社員がいる場合は、その社員も利用できることになっていなければなりません。

実際に全社員が利用している必要はなく、希望すれば利用できるようになっていれば大丈夫です。

スポーツジムでは、法人会員というような制度を持っているところが多いので、なるべくならば法人会員に入るといいでしょう。法人会員のないジムや、社長一人の会社などで、法人会員のほうが高くつく場合は別ですが、そうでないところは法人会員が便利です。

法人会員であれば、会費全体が安くつくことになりますし、経理処理の面でもわかりやすいからです。

一人旅の費用を事業の経費で落とすことはできますか？

［対象］会社全般　個人事業全般

Q 自分一人で旅行をしたいのですが、これを経費に計上することはできますか？

A 一定の条件をクリアしていればできます。

一定の条件というのは、「業務」で旅行するということです。業務であれば、当然、旅行代は会社のお金で出すことができます。

これは、個人事業であっても会社であっても同様です。

業務といっても、直接の仕事だけではなく、視察や研修、研究で旅行をしてもいいわけです。

「マーケティングのため」
「先進技術の視察のため」
「アジアに進出したいので、その視察をした」

「ヨーロッパの流行の研究をした」などとすれば、国内外のいろんな地域に行く用事ができます。またビジネスが国際化している昨今です。

個人事業者や会社の経営者が自分だけで旅行をしても構わないわけです。

ただし業務で旅行をするのだから、業務という体裁は整えなくてはなりません。

実際に業務に関係する視察も行わなければなりませんし、出張中の記録も残しておかなければなりません。日程の半分以上は、視察関係のことが入っていなければなりません（視察のついでに観光旅行した分まではとがめられることはありません）。

若干、面倒くさくはありますが、経費で旅行するわけだから、そのくらいの手間はかけるべきでしょう。

また家族などを同伴した場合、自分の分だけしか旅費は出せません。家族が社員だった場合、旅費は出せますが、これも会社の業務という建前はつくっておかなければなりません。

また個人事業者や家族会社が家族を同伴した場合、「業務」的な部分が少なく明らかに〝家族旅行〟ということであれば、税務署から否認される恐れがあります。だから、「業務」という体裁はきちんと整えていなければなりません。

家族の旅行費用を会社の経費で落とすことはできますか？

［対象］
会社全般

Q 家族で旅行に行きたいのですが、これを会社の経費で落とすことはできますか？

A できます。

家族の旅行費用を会社の経費で落とす方法は、二つあります。
一つは、「慰安旅行」を使う方法。
もう一つは、「旅行費補助」を使う方法です。
順に説明しましょう。

「慰安旅行」を使う方法

福利厚生費では、慰安旅行も認められています。慰安旅行というのは、従業員を慰安するために会社が企画して費用負担までする旅行のことです。

税制上一定の要件を満たせば、会社の慰安旅行は、福利厚生費として損金経理できることになっています。その上、社員（役員含む）も給料としての加算はありません。

慰安旅行の条件というのは、四泊五日以内であり、社員の50％以上が参加するというものです。海外でも現地泊が四泊五日以内であればＯＫです。

この慰安旅行は、家族だけでやっている会社でも、上記の条件さえ満たしていれば実施できます。

ただし、社員以外の家族が一緒に行く場合は、その分の旅費は出せません。たとえば、子供を連れて行くなど、です。子供の分の旅費は、その従業員の実費負担となります。

「旅行費補助」を使う方法

「旅行費補助」というのは、その名の通り、旅行費を会社が補助してやることです。

一定の条件をクリアすれば、純然たるプライベート旅行に、会社が福利厚生費から補助的なお金を出してやることができます。

プライベートの旅行に会社がお金を出してやるなどできるのか、と思われる方もいるかもしれませんが、これは「社会通念上」認められていることであり、多くの企業がやっていることです。

この旅行の補助金は、家族だけでやっている会社でも、もちろん使えます。しかし、家族だけでやっている会社の場合は、税務署のチェックも厳しいですので、その都度適当に補助金を出すのではなく、旅行の補助金を出す基準を定めていたほうがいいでしょう。就業規則などに、年何回、いくらまでの補助金を出すというふうに決めておくのです。

大企業では、保養施設を持っているところも多いものです。そういう企業の社員は、観光地の保養地に格安で宿泊することができます。また公務員なども公務員用の保養施設があり、同じような恩恵を享受できます。

会社が自前で保養施設を持てれば、それに越したことはありません。福利厚生費として、保養施設につぎ込めば、社員は大きな経済的メリットを受けることができます。

でも、中小企業ではそうそう保養施設など持つことはできません。それでは不公平です。それを補うために、社員がプライベートの旅行をした際に、その宿泊費を補助してやることもできるのです。

社員のプライベートの旅行に、補助を出す企業はけっこうあります。

いささか古いデータではありますが、財団法人労務行政研究所の２００１年の調査では、調査対象３４０社の大企業のうち、39・７％が補助制度がある、と答えています。現在はもっと増えていると思われます。

ちなみに、補助額の平均は一泊につき3千462円です。最低額は千円、最高額は1万5千円です。そして7割の企業で、年間に使用できる回数を決めているということです（3割の企業は、年間に無制限で使えるということです）。だから、社会通念上、会社が社員のプライベートの旅行費用を出してやっても、問題はないのです。

この方法を使う場合、宿泊の補助金を社員に手渡すのではなく、会社がホテルや旅館などに直接申し込み、社員が会社に残りの宿泊費を払うという形態を取らなくてはなりません（国税局相談窓口に確認済み）。

社員が、自分でホテルや旅館に宿泊の申し込みをし、あとから補助金を会社が出すという形態では、社員の給料として扱われてしまうのです。

第7章

医療費を
経費で落とす

医療費、ドリンク、マッサージなどの健康増進費用は？

医療費、市販薬、ドリンク、マッサージ、按摩《あんま》などの健康増進費用は、全般的に事業の経費として計上することができます。

これもうまく使えば、自分や従業員の健康を促進させながら、事業の節税になります。が、これも会社と個人事業では、かなり経理処理の方法に違いがあります。そして両者には一長一短があります。

会社の場合は、健康増進費用に関しては「福利厚生費」から支出します。

会社の福利厚生費は、健康増進費用について広く計上できます。人間ドックやドリンク剤、マッサージなども全額を計上できます。

ただし、治療費、入院費など「医療費そのもの」には制約があります。

●個人事業の場合は「医療費控除」

個人事業の場合は、前述したように自分自身や家族に対する福利厚生費は、税務署は認めていません。

だから、会社のように福利厚生費から健康増進費を支出することはできません。

しかし、個人の所得には「医療費控除」というものが認められています。一定以上の医療費がかかった場合は、所得から控除するという制度です。これを使えば、事業の経費から医療費を支出したのとほぼ同様になります。

●会社経営者は「福利厚生費」と「医療費控除」をダブルで使える

この個人の所得における「医療費控除」というのは、個人事業者だけではなく、サラリーマンも使えますし、会社経営者も使えます。

だから、会社経営者やサラリーマンの場合、会社の福利厚生費から健康増進費を出してもらい、福利厚生費から出なかった部分は、いったん自腹で払って医療費控除で控除してもらうという手も使えるのです。

そうすれば、「福利厚生費」と「医療費控除」のそれぞれの一長一短を補うことができます。

たとえば、人間ドックの費用は、医療費控除の対象にはなっていません。が、福利厚生費からは支出することができます。だから、会社の福利厚生として人間ドックの費用を負担すればいいのです。

また一方で、入院などの費用に関しては、会社の福利厚生ではそれほど多額を支出することは認められていません。数万円の見舞金程度しか認められていないのです。

しかし入院費用などは、全額が医療費控除の対象となります。だから、いったん、自腹で入院費を払っておいて、後から医療費控除を受ければいいのです。

こういうふうに、福利厚生費と医療費控除をうまく補完しあえば、医療関連、健康増進関連のほとんどの費用は、事実上、経費で計上できることになります。

こうしてみると医療費、健康増進費に関しては、個人事業者よりも会社経営者のほうが節税面で非常に有利ですね。

この章では、わかりにくい医療関係、健康増進関係の経費計上や、医療費控除について、説明していきたいと思います。ここでは簡単に図解しておきましょう。

所得税の医療費控除
↓医療、治療に関する費用の全般が該当する

会社の福利厚生費
↓健康増進に関する費用の全般が該当する

●医療費、健康増進費全般

医療費控除に該当するもの（個人）
福利厚生費で経費計上できるもの（会社経営者、会社員）

←

会社経営者や会社員は、ダブルで享受できる

←

会社の場合、人間ドック費用は会社の経費から支出できますか？

［対象］ 会社全般

Q 私は、従業員が自分一人しかいない会社を経営しております。
近々、人間ドックに行こうと思っています。
これは会社の経費に計上できるでしょうか？

A できます。

人間ドックの費用などは、従業員の健康増進のためであり、福利厚生費として計上できるのです。

従業員が社長一人だけの会社であっても、同様です。

人間ドックの費用は、所得税の医療費控除の対象とはなっていませんが、会社の福利厚生費から支出するのは問題ないのです。

人間ドックの費用に限らず、健康増進などに関する費用は全般的に福利厚生費から支出することができます。

健康維持、健康増進のための支出は、ほぼすべて（よほど社会的常識を逸脱していない限り）、福利厚生費の対象となると言えます。

何度か触れましたが、これは、社員全員が享受できるようになっていなければなりません。したが、会社の福利厚生費というのは、社員全員が平等に享受できる仕組みになっていなければならないのです。

Q　わが社では、栄養ドリンクやビタミン剤などを支給していますが、これは会社の経費で落とすことができますか？

A　できます。

栄養ドリンクやビタミン剤などの購入費も、福利厚生費として計上できます。

所得税の医療費控除では、医薬品以外の栄養ドリンクやビタミン剤は控除の対象にはなりませんが、会社の福利厚生の場合は、たとえば宗教的な意味合いの高額な健康食品などでなければ、ほとんどの栄養ドリンク、ビタミン剤などを対象にできます。

マッサージの費用は？

［対象］
会社全般

Q **私はパソコンのソフト関連の会社を経営しています。仕事柄、毎日長時間パソコンに向かっているため、肩が凝ったり、腰が悪くなったりします。自分や社員が、マッサージ、整体などを施したときの費用を会社で負担したいのですが、それは可能でしょうか？**

A 可能です。

社員（役員も含めて）の健康増進のための費用は、会社の福利厚生費から支出していいことになっています。だから、通常のマッサージ、整体などの費用を会社が負担することは、福利厚生の本旨にかなっているのです。

ただし、この場合は、本人が自分で勝手に行って、自分でお金を払い、後から会社がその分の支給をするというのではダメです。

会社がマッサージ店などを手配し、料金も会社が負担するという形を取らなくてはなりません。

これは、何度か触れましたが福利厚生の全般に言えることです。

また、この場合も、希望すればすべての社員が同様に享受できるような仕組みになっていなければなりません。これは形式だけではなく、実際にそうなっていなければなりません。使用状況を見たとき、役員など特定の人だけが享受して、一般の社員はほとんど享受していないような場合は認められません。

Q　その場合、国家資格を持った整体師などに限られるのですか？

A　いいえ、限られません。

所得税の医療費控除では、マッサージや按摩は、国家資格を持った整体師や鍼灸《しんきゅう》師が施術するものに限られますが、会社の福利厚生の場合は、そういう縛りはありません。

風俗関連など、よほど不自然な内容でない限り大丈夫です。

ネイル、エステの費用は？

［対象］会社全般

Q わが社は、女性社員が多く、また接客する場面も多いので、社員の身だしなみには気を使っています。

また社員の要望もあり、ネイル、エステなどを会社の福利厚生から出そうと思っております。

それは可能でしょうか？


A 明確にイエスとは言えませんが、イエスに近いです。

福利厚生というのは、時代とともに変化するものです。ひと昔前であれば、会社の費用でネイルやエステをするなどは考えられませんでした。

しかし現在はネイルやエステが、一般女性に広く浸透しており、一部の企業では、福利厚生として社員にネイルやエステを施していることもあるようです。

昨今の世間の潮流として、福利厚生を充実させる会社はいい会社だと見る傾向がありま す。世間の潮流として、また社会の意見としてそれが許されるのであれば、税務当局も認めざるを得ないのです。

また会社が福利厚生を充実させることに対して、国家はそれを制止するよりは推奨する立場にいなくてはなりません。

だから、会社が、社員に対して、ネイルやエステを施すということになれば、税務当局としても真っ向から否認はできないと思われます。

何度か触れたように、福利厚生には明確な線引きはありません。そして、ネイルやエステというものが、過去の判例などから明確にシロとされているわけでもありません。だから、著者としては、シロだと断言することはできません。

ですが、社会の流れとして認められる方向にあるというのは間違いないことです。

ただし、社長一人でやっている会社、家族だけでやっている会社が、この手の福利厚生を採り入れるのは、まだ時期尚早かもしれません。

「社会通念」という観点から見ると、従業員のためではなく、経営者やその家族だけのために、ネイルやエステ代を福利厚生から出すのは、まだ少し難点があると思われるからです。

会社が社員の入院費用を負担できますか？

［対象］ 会社全般

Q 私は小さな会社を経営しているのですが、この度、入院手術をすることになりました。その費用を会社の福利厚生費から出したいのですが、それは可能でしょうか？

A 条件付きで可能です。

会社の福利厚生では、入院などをした社員（役員も含む）に対して、入院見舞金を出すことが認められています。

ただし、あまり高額な支給は認められません。

Q 入院の見舞金として妥当な金額というのは、いくらまでですか？

A 入院の見舞金として妥当な金額というのは、実は明確に定められていません。

20年前の国税不服審判所の裁決で次のようなものがありました。

ある同族の建設会社が、非常勤役員に対して、入院の見舞金として400万円を福利厚生費から支出していました。税務当局は、それを否認し、入院の見舞金として妥当な額は、入院1回につき3万円までとし、それ以上の部分は福利厚生費としては認めずに、役員へのボーナスという扱いにしました。役員へのボーナスということは、会社の経費として計上できないということです。

この裁決では、入院見舞金が3万円までとされているので、入院見舞金は3万円までしか認められないのか、というと決してそうではないのです。

というのも、福利厚生費は「社会通念」が大きく影響し、時代とともに変化していくものです。20年前に入院見舞金が3万円だったならば、現在はもう少し上がっていてもおかしくありません。

また3万円という金額も、周辺の企業の平均値を採っているものであり、もしいろんな会社が入院見舞金の相場を上げれば、それが認められることになるのです。

この裁決では、非常勤役員に対して400万円もの見舞金を出すという、ちょっと社会通念から逸脱した経理処理を行っているから、厳しい判断がくだされたものと見ることもできます。逆に言えば社会常識の範囲内での支給であれば、認められるということです。

個人事業者の医療費は経費に計上できますか?

［対象］あらゆる人

Q 私は個人事業者として建築設計事務所を営んでいます。最近、腰を痛めて通院することが多いのですが、これは事業の経費に計上することはできますか?

A 個人事業者の本人や家族の医療費は、事業の経費として計上しないほうが無難です(決して、法的にできないことではありません)。

前述したように、税務署は、個人事業者の場合、本人や家族には福利厚生費は適用されないという方針を採っています。

だから、個人事業者が福利厚生費として、自分の医療費を計上した場合、税務署から否認されるおそれがあるのです。

しかし、個人事業者の場合は、医療費控除というものが受けられます。

自分や家族にかかった医療費のかなりの部分が所得から控除されますので、経費に計上するのと同じような節税効果があります。

またこれは個人事業者だけではなく、所得税を払っている個人は皆、受けることができます。だから会社経営者や普通のサラリーマンの方も、医療費控除を受けることができます。

Q 医療費控除という言葉はよく聞きますが、内容がよくわかりません。いったいどのようなものなのですか？

A 医療費控除というのは、その年に支払った医療費が一定額以上だった場合には、かかった医療費を所得金額から控除できるというものです。

年間10万円以上か自分の所得の5％以上の医療費を支払っていれば、その超えた部分が所得から控除されるという制度です。

具体的に言えば、次の算式で求められます。

その年に払った医療費 － 10万円か所得の5％のどちらか少ないほう － 保険金などで戻った金額 ＝ 医療費控除の対象額（最高200万円）

ここで算出した金額を課税対象所得から差し引くことができるというわけです。

Q 医療費控除はどうやったら受けられるのですか？

A 医療費控除の申告は、簡単です。

医療費の領収書をとっておくことと、確定申告のときに「医療費控除の明細書」を提出すること、だけでＯＫです。

Q 医療費の領収書は、税務署に提出するのではなく、自分でとっておくだけでいいのですか？

A はい。

以前は、領収書の添付が義務でしたが、平成29年分の確定申告から医療費控除の申告の仕方が簡素化され、保管していればいいということになりました。

Q 領収書がなくても医療費控除を受けることはできますか?

A できません。

事業の経費の場合は、領収書がなくては経費に計上できないという決まりはありませんので、支払いがあったという事実さえあれば、領収書がなくても経費に計上できます。

しかし、医療費控除の場合は、領収書の保管が義務となっていますので、領収書がない場合は原則として医療費控除は受けられないということです。

ただし、病院に行くのにかかった交通機関の費用など領収書がもらいにくいものについては、その限りではありません。交通費などは、かかった費用を計算して記録しておけば大丈夫です。

領収書の保管期間は5年となっています。5年間は、いつでも税務署に見せられるように保管しておかなくてはなりません。

処方箋のない市販薬も医療費控除の対象になりますか？

［対象］あらゆる人

Q この前、風邪を引いたのですが病院に行かずに、薬局で薬を買って治しました。この風邪薬代は、医療費控除に含めていいのですか？

A はい。

市販薬も医療費控除の対象となります。

医療費控除の額を増やそうと思えば、まず重要ポイントとなるのが、市販薬です。

病院に行かない人でも、市販薬というのはけっこう購入しているものです。健康な人でも、風邪薬、目薬、湿布などは、ある程度、買っているものです。この市販薬を医療費控除として申告できれば、医療費控除の範囲はかなり広がります。

ただし、市販薬の場合は、医療費控除の対象となるケースとならないケースがあります。

その違いは何なのか、というと簡単に言えば「治療に関するものかどうか」ということです。

怪我や病気をしたり、体の具合が悪かったりして、それを「治す」ために買ったものであれば、医療費控除の対象となるということです。医者の処方のない市販薬でも、大丈夫です。しかし、予防のためや置き薬のために買ったものはダメなのです。

Q この風邪薬は、医者の処方箋などはもらっておりませんが、医療費控除に含めて大丈夫ですか？

A 大丈夫です。

市販薬を買うときに、医者の処方箋などは必要ありません。

Q 風邪の引きはじめなどは、予防のためなのか、治療のためなのかは、判断がつきかねる場合があると思うのですが、その場合はどうすればいいですか？

A 自分で身体に不調があると思えば、治療のためと判断して構いません。

栄養ドリンク、ビタミン剤も医療費控除の対象になりますか？

［対象］
あらゆる人

Q **先日、体調がすぐれなかったので、栄養ドリンクを買って飲みました。これは、医療費控除に含めていいのでしょうか？**

A 栄養ドリンクやビタミン剤なども、一定の条件を満たしていれば医療費控除の対象となります。一定の条件というのは、次の二つです。

・何かの体の不具合症状を改善するためのものであること
・医薬品であること

これは、市販薬と同様で、予防のためや漠然とした健康のためのモノはダメということです。身体にどこか不具合があり、それを改善するために購入したというものはＯＫです。

また、これにも医者の処方箋などは必要ありません。

また医薬品かどうかは、ラベルに記載がありますので、購入の際に必ず確認しましょう。

マッサージや整体も医療費控除の対象になりますか？

［対象］あらゆる人

Q 先日、身体の不調を治すために、マッサージを受けました。これは医療費控除に含めていいですか？

A 按摩、マッサージ、鍼灸などの費用も、一定の条件を満たせば、医療費控除の対象になります。一定の条件とは、次の二つです。

・何かの体の不具合症状を改善するためのものであること
・公的な資格などを持つ整体師、鍼灸師などの施術であること

これも市販薬や栄養ドリンクなどと同じように、どこか具合が悪いところがあって、それを改善するために施術を受ける、というのが原則です。予防のためではダメということです。また公的な資格を持った整体師、鍼灸師などの店かどうかは、店に聞けばすぐに教えてくれるはずですし、ホームページなどでも確認できるはずです。

●禁煙治療、ＥＤ治療、レーシック、歯の矯正など、意外な医療費控除たち

医療費控除の対象となる主な医療費

①病気やけがで病院に支払った診療代や歯の治療代
②治療薬の購入費
③入院や通院のための交通費
④介護保険制度を利用し、指定介護老人福祉施設において支払った金額の2分の1相当額や一定の在宅サービスを受けたことによる自己負担額
（注）この他にも医療用器具の購入費、義手や義足等の購入費用も対象となります。

医療費控除の対象とならない主な費用

①医師等に対する謝礼
②健康診断や美容整形の費用
③近視や遠視のためのメガネや補聴器等の購入費

医療費控除に含まれる意外なもの

●禁煙治療→普通に医療費控除に含まれます
●ED治療→EDと診断された方は普通に医療費控除に含まれます
●レーシック手術→普通に医療費控除に含まれます
●虫歯治療でのセラミック歯→医療費控除に含まれます
●子供の歯の矯正→子供の歯の矯正に限り医療費控除に含まれます
●薄毛治療→病気による薄毛であれば医療費控除に含まれます
●目のレーザー治療、オルソケラトロジー治療(角膜矯正療法)→医療費控除に含まれます
●温泉療法→医師の診断のもとで特定の施設での療養であれば滞在費、交通費を含めて医療費控除に含まれます
●スポーツジムでの運動療法→医師の診断のもとで特定の施設での運動療法であれば滞在費、交通費を含めて医療費控除に含まれます

第8章

インボイス制度のQ&A

インボイス制度って何？

［対象］
会社全般
個人事業全般

Q 2023年10月からインボイス制度が始まったそうですが、そもそもインボイス制度とはどういうものですか？

A インボイス制度というのは、事業者が消費税の仕入れ税額控除をする際に、支払った相手先から、消費税の税額の明細を記載された「適格請求書」を受け取らなければならない、というものです。

事業者は「売上時に顧客から預かった消費税」から、「経費などの支払い時にすでに支払った消費税」を差し引いた残額を税務署に納付することになっています。

この「経費などの支払い時にすでに支払った消費税」を差し引く条件として、支払先から「適格請求書」を受け取らなければならないということになったのです。経費を支払っても「適格請求書」がない場合は、その分の消費税は差し引くことができないのです。

適格請求書には以下の項目が記載されていなければなりません。

1 適格請求書発行事業者の、氏名または名称および登録番号
2 取引年月日
3 取引内容（軽減税率の対象品目である場合はその旨）
4 税率ごとに合計した対価の額および適用税率
5 消費税額
6 書類の交付を受ける事業者の氏名または名称

Q インボイス制度はどんな事業者にどんな影響が出るのですか？

A インボイス制度で一番影響を受けるのは、これまで消費税が免税だった事業者です。

消費税には「免税事業者」という制度があります。

これは前々年の課税売上が1千万円以下の事業者は、消費税を納付しなくてもいいという制度です。

ところでインボイス制度の「適格請求書」は課税事業者じゃないと発行できないのです。

インボイス制度では、事業者同士の取引では、必然的に相手先から「課税事業者」であることが求められるようになります。しかし、免税事業者は、「課税事業者ではない」ということになります。

そのため、「適格請求書」を発行するためには年間売上が1千万円以下で本来は消費税が免税される事業者であっても、あえて「課税事業者」となり消費税を納付しなければならなくなるのです。

つまり、これまでは消費税を免除されていた零細事業者が、消費税の納税事業者にならざるを得なくなったのです。

Q インボイスを登録しなくてもいい事業者はありますか？

A あります。

それは、課税売上1千万円以下で一般の消費者を顧客としている事業者です。

一般消費者相手に行っている事業であれば、このインボイス制度はあまり影響を受けません。一般の消費者は、消費税の課税仕入れをしないので、「適格請求書」を要求することはありません。

たとえば、タバコ店でタバコを買う一般の消費者や、定食屋で食事をする一般の消費者は、「適格請求書」などは必要としません。

しかし、一般の消費者ではなく企業を顧客としている事業者は顧客から「適格請求書」を要求されるようになります。たとえば企業がデザイナーに発注するとき、企業側は必ずデザイナーに「適格請求書」を要求します。また、接待でレストランやクラブなどを使った場合も、「適格請求書」を求められるでしょう。

つまり、事業者を相手に商売している場合は、インボイス登録の必要があり、一般消費者を相手に商売している場合は、インボイス登録の必要はないということです。

インボイスを登録するには具体的にどうすればいいですか？

［対象］
会社全般
個人事業全般

Q インボイスの具体的な手続きを教えてください。

A インボイス（適格請求書）の発行事業者になるには、所轄の税務署に登録しなければなりません。まず税務署に申請書を出し、税務署が審査を行い、審査に通れば登録され登録通知書が送られてきます。ほとんどの場合、審査は通ります。

２０２３年10月１日のインボイス制度開始に間に合わせるためには、２０２３年９月30日までに申請を出さなくてはなりませんでした。

２０２３年10月１日以降では、申請を出したとき、インボイスの発行開始日を自分で設定していれば（開始日は申請日から15日以降に設定）、その開始日からインボイスの発行ができます。

所轄の税務署に登録申請書を提出（提出日の15日以降に発行開始日を設定）

←

税務署から登録通知書が送付されずとも設定した発行開始日からインボイス（適格請求書）発行開始。開始日を設定していない場合は、登録通知書が送られてきてからインボイス（適格請求書）発行開始。

インボイス制度の経過措置とは？

［対象］
会社全般
個人事業全般

Q インボイス制度には中小事業者の負担軽減のために、経過措置が設けられていると聞きましたが、これはどういうことですか？

A インボイス制度の経過措置には次のようなものがあります。

■**インボイス発行事業者以外からの仕入れの経過措置**

インボイス発行事業者以外からの仕入れについて、インボイス制度が開始されてからも、6年間は経過措置があります。適格請求書発行事業者以外からの仕入れがあっても、仕入れ控除をまったく認めないわけではなく、一定の割合で認めるというものです。

具体的には適格請求書発行事業者以外からの仕入れ（経費）があった場合、以下の割合で仕入れ控除できることになっています。

2023年10月1日～2026年9月30日まで　80％
2026年10月1日～2029年9月30日まで　50％

■免税事業者（売上1千万円未満）の2割方式とは？

本来は免税となる事業者に対しては、2026年分の申告までは「納税額は売上税額の2割でいい」という経過措置も設けられています。

これはどういうことかというと、前々年の売上が1千万円未満の事業者は、売上のときに預かった消費税の20％を納税すればいいという制度です。

■中小事業者の1万円未満取引の猶予措置

中小事業者は、2029年9月30日までは、「1万円未満の仕入れはインボイス制度の対象外になる」という経過措置も講じられています。

具体的には、前々年の売上が1億円以下か、上半期の売上が5千万円以下の事業者は、1万円未満の仕入れについては適格請求書の発行がなくても「仕入れ控除」ができる、ということです。

インボイスがない領収書でも経費にはできます

［対象］
会社全般
個人事業全般

Q インボイスがない領収書は、経費に計上できないのですか？

A 違います。

インボイスがない領収書は、消費税の仕入れ控除ができないだけであって、事業の経費自体には計上することができます。

もちろん、消費税の課税仕入れの計算と、事業の経費の計算は完全に分けて行わなければなりません。

これまでは、事業に関する税金（事業所得税、法人税など）と、消費税は同時に経理を行うことができましたが、インボイス導入後は、事業に関する税金と消費税は、完全に別個の計算が必要になります。事業者としては負担が大きいところです。

インボイス制度は消費税の免税が解除されただけではありません

［対象］
会社全般
個人事業全般

Q インボイス制度は、これまで消費税を免除されてきた事業者に消費税を納付させるものなので、「普通に戻す」だけなのですか？

A 違います。

消費税は、建前の上では、事業者が売上時に消費税を客から預かり、それを税務署に納付するだけということになっています。

そして消費税は、その税金分を価格に転嫁するという建前になっています。が、場合によってはそれができない場合も多いのです。中小企業、零細事業者の場合は特にそうです。

たとえば、声優などの場合、出演料は自分で決めることはできません。制作会社などが決めます。

そして出演料は消費税込みの金額で決められます。消費税が上がったからといって、出演料を上げてくれとはなかなか言えません。

しかし声優も事業者ですから、売上（報酬）に応じて消費税を納付しなくてはなりません。声優の出演料には、消費税が含まれて払われているという建前なので、声優は出演料の中から消費税分を計算して税務署に納付しなくてはならないのです。

しかし実際には、出演料には消費税分は加算されていないので、自腹を切って消費税を納付することになります。

声優だけではなく、俳優やフリーランサーなどは、自分の報酬に消費税の上乗せができないことが多いのです。

そういう人たちは、みな自腹を切って消費税を納付することになるのです。

■インボイスにより零細事業者への配慮が完全になくなった

消費税が中小企業やフリーランサーに痛手であることは、国の側も認識していました。だから消費税導入時には、売上が3千万円以下の事業者は、消費税の納税が免除されていたのです。

この売上というのは、所得や利益のことではありません。事業者は売上から経費を差し引いた残りが、利益（所得）となります。

売上3千万円といっても、経費を差し引いた後の所得はそう大したことはありません。実収入は数百万円であることがほとんどなのです。だから売上3千万円以下というのは、小規模事業者なのです。

しかし、この3千万円以下免税の制度は、平成16（2004）年に大幅に縮小され、免税となるのは「売上1千万円以下の事業者」となりました。

これにより、かなり多くの中小事業者やフリーランサーが、免税を解かれてしまいました。消費税を免除されるのは売上が1千万円以下の零細事業者だけになったのです。

ところが、令和5年のインボイス制度によって、「売上1千万円以下免税」の制度も骨抜きにされてしまったのです。

これにより、売上がどれだけ少なくても、事実上、消費税の納税義務が生じることになったのです（一部の小売業者、飲食店などを除いて）。

インボイスで全事業者の負担が増えます

［対象］会社全般
個人事業全般

Q インボイスは、免税事業者以外の事業者には関係ないのですか？

A 違います。

ほとんどの事業者が何らかの影響を被《こうむ》ります。

課税仕入れをするためにはすべての取引にインボイス（適格請求書）というものを発行しなくてはならなくなったので、事務量が膨大に膨れ上がったのです。

零細事業者やフリーランサーなどは、この事務をこなすだけでも大きな負担であり、実際には事務をこなせない事業者も大量に発生すると思われます。

この事務負担に耐え切れないので、廃業するという事業者もかなりいるようです。

また、大企業などにとっても、インボイスに関する事務の増加は、とてつもない負担になるはずです。

つまりはインボイス制度というのは、零細事業者やフリーランサーへの実質的な大増税であるとともに、日本経済すべてに対して多大な労務を課すものなのです。

日本経済全体の負担増は、膨大なものになります。

にもかかわらず、インボイス制度によって増える税収というのは、たった2千億円程度で日本の国家予算の0・2％にも及ばない程度なのです。

2千億円程度の税収を増やすために、日本経済全体に多大な負担を押し付けようということなのです。まさに「百害あって一利なし」なのです。

インボイスは様子見しないほうがいい

［対象］会社全般
個人事業全般

Q インボイスは登録せずにしばらく様子見をしたほうがいいのでしょうか？

A インボイスで影響を受ける事業者が様子見をするのはやめたほうがいいでしょう。

インボイスについて、「様子見」を推奨する税理士や経済評論家などもいるようです。

「まだインボイスは慌てて登録しなくてもしばらく様子見をしていてもいい」

「いったんインボイス登録した人でも取り下げをすることもできる」

ということを主張する雑誌記事などもチラホラ見かけます。

インボイスにどうにか抵抗したい、反対の意を表したいという気持ちは理解できます。

が、「インボイスを様子見する」のは、あまりいい方法だとは筆者は思いません。

インボイスを様子見する方法として、

「請求書に消費税額を記載しなければいい」

などと指南する雑誌記事もあります。

が、これは現実をまったく無視したものです。フリーランサーなど、企業相手に仕事をしている場合、請求金額を自分が自由に記載できることはほとんどありません。

あらかじめ、この金額でやってください、という取り決めが必ずあります。

その時点で、当然、消費税額を含んだ金額かそうでないかということも決められます。

だから、「消費税額を記載しなければインボイスは関係ない」というような、生易しい話ではないのです。

また消費税額を記載しなかったところで、消費税は発生するわけですし、自分が払わなければ取引先が負担することになるので、取引先から嫌われやすいという状況はどうしても生まれてしまいます。

■インボイスを様子見すると自分だけが損する可能性が

しかも様子見をしたところで、国は何の痛手も被らないのです。なぜなら、インボイス登録をしなければ、免税事業者は消費税納税を回避できますが、回避した分の消費税は、取引先が負担することになります。

つまり、国は、まったく損をしません。それがインボイスなのです。

そして、取引先が負担するということになれば、取引先との関係はどうしても悪くなります。最悪、取引がなくなるかもしれません。

つまり、損をするのは自分ということになりかねないのです。

もし日本全国の事業者が結託し、インボイス制度の登録を拒否するとなれば、それなりに国に圧力をかけることもできるでしょう。

が、対象法人の90%以上、対象個人事業者の50%以上はすでにインボイスの登録を済ませています。インボイスに登録しなくても損害がない事業者を除けば、インボイス当事者の大半はすでに登録を済ませていると思われます。

となると、残りの事業者がめいめいでインボイスの様子見をしたところで、国はほとんど圧力を感じません。だから、国への圧力のかけ方として、賢い方法だとは思えません。

事業者の人たちは、まずは自分の利益を守ることを最優先してください。様子見をして取引先を失っても、誰も責任を取ってはくれないのです。

まずは自分に被害が一番少なくなる方法をとり、その後、国に圧力を加える方法をとるべきです。今のやり方では、「自分だけが損をする」ということになりかねません。

ウーバーイーツ配達員にも打撃

［対象］
会社全般
個人事業全般

Q インボイス制度はウーバーイーツの配達員などにも打撃を与えると聞きましたが、これはどういうことでしょうか？

A インボイス制度では、ウーバーイーツなどの配達員も消費税を納税しなければならない可能性があるのです。

ウーバーイーツなどの配達員は、ウーバーイーツから雇用された社員ではなく、事業者としてウーバーイーツの業務を請け負っているという仕組みになっています。

そのためウーバーイーツの配達員がもらった報酬には消費税が加算されているという建前なので、その消費税分を税務署に納付しなくてはならないのです。

前述したように、これまでは売上1千万円以下の零細事業者はこの納付が免除されていましたが、この免除規定は、インボイス制度によって事実上廃止されてしまいました。

売上1千万円以下の零細事業者は、これからも消費税の納税免除規定はあります。が、インボイス制度が始まれば、消費税を免除されている零細事業者の消費税分を、事実上、支払元が負担しなくてはならなくなるのです。

たとえば、ウーバーイーツの場合、配達員がインボイス登録をしていないと、ウーバーイーツ社は、その配達員の報酬を課税仕入れに入れることはできなくなるので、その消費税分を自社が負担することになります。

となると支払元（仕事の発注側）は、インボイス未登録の事業者を忌避しようとします。なので、零細事業者は、本来は消費税の納税義務が免除されているにもかかわらず、あえて消費税の納税を選択しなければならなくなるのです。

ウーバーイーツの場合、会社側は、現在のところ「インボイスの未登録者であってもこれまで通りの発注を行い、これまで通りの報酬を支払う」と発表しています。が、インボイス制度の施行以降、ウーバーイーツ社側が、配達員の消費税納税分を負担しなくてはならないので、ウーバーイーツ社としては、なんらかの方法でそれを回収する動きになることは否定できません。

たとえば、物価が上がっても配達員の報酬はなかなか上がらない、などです。とにかく、インボイス制度は、零細事業者に大打撃を与えることは間違いないのです。

インボイスは簡易課税を選択すれば楽？

［対象］会社全般
個人事業全般

Q **インボイス制度では、簡易課税を選択すれば計算が楽だという話を聞きましたが、そもそも簡易課税とはなんですか？**

A たとえば、売上４千万円のときの預かり消費税は４００万円で、仕入れ2千８００万円の支払い消費税は２８０万円なので、差し引き１２０万円を納付すればいい、ということです。

簡易課税の計算

売上－（売上×みなし仕入れ率）×消費税率＝消費税の納付額

例・売上が４千万円の製造業者の場合
４千万円－（４千万円×みなし仕入れ率70％）×消費税率10％＝消費税納付額１２０万円

みなし仕入れ率というのは、業種によって次のように決められています。

みなし仕入れ率

卸売業	90％
小売業	80％
農業、漁業、製造、建設業	70％
その他の事業（飲食店など）	60％
サービス業など	50％
不動産業	40％

Q では売上が5千万円以下ならば、どんな事業者も簡易課税を選択したほうが有利なのですか？

A 必ずしもそうではありません。

「簡易課税」は計算も簡単で、けっこう有利にできています。だから売上が5千万円以下ならば、あまり考えずにこれを選択している場合も多いようです。

しかし必ずしも簡易課税が有利とは限らないのです。

たとえば、小売業をしている業者が、薄利多売で仕入れ値に10％程度の利益をつけて売っているような場合は、仕入れ率は80％を超えることもあります。

そういう場合は、簡易課税を選択するより、普通の方法でやったほうが消費税は安くつくのです。簡易課税は、一度選択すれば2年間は変更できません。だから簡易課税が得になるかどうか、事前にしっかり確認しなければなりません。

Q 簡易課税を使えばインボイスの計算が楽になるとはどういうことですか？

A この簡易課税は、インボイス（適格請求書）の発行事業者も使えます。

簡易課税の対象となる年間売上5千万円以下の事業者は、インボイス（適格請求書）の発行事業者となっても、課税仕入れの計算をするときには、これまでの簡易課税の方法をそのまま使うことができるのです。

つまり、適格請求書の有無を確認したり、適格請求書の合計額を計算することなく、単純に課税売上にみなし仕入れ率を掛けて、仕入れ控除額を算出することができるのです。

最終章

税金を圧倒的に減らす！
最新の節税マル秘ワザ

掛け金全額を経費にできる「経営セーフティ共済」

［対象］中小企業 個人事業全般

Q 中小企業が「経営セーフティ共済」という共済に入れば節税になるそうですが、これはどういうものなのですか？

A 「経営セーフティ共済」というのは、本来は、取引先に不測の事態が起きたときの資金手当てをしてくれる共済です。

正式には中小企業倒産防止共済制度といいます。

簡単に言えば、毎月いくらかのお金を積み立てておいて、もし取引先が倒産とか不渡りを出して、被害を被った場合に、積み立てたお金の最高10倍まで貸してくれる、という制度です。

そして、掛け金は4年後に全額戻ってくるのです。だから、いざというときの保険でもあり、定期預金でもあるのです。

Q そのセーフティ共済はなぜ節税になるのですか？

A 経営セーフティ共済は、掛け金の全額が税務上の経費として算入できるのです。
通常、このような後で全額還付される保険などは、経費ではなく資産として計上しなくてはならないものです。しかし、この経営セーフティ共済は、国が普及するのを狙っているので、全額を経費に算入できることになっているのです。

Q どのくらい掛けられるのですか？

A 月額の掛け金は5千円から20万円です。
なので、最高額の20万円に加入しておけば、年間240万円を経費として計上しながら、資産を蓄積できるのです。
また途中で増減することもできます。
だから初めの掛け金は、節税のために最高額にしておいて、景気が悪くなったら減額する、という手も使えるのです。

たとえば、毎月の掛け金を20万円としておきます。

もし会社が思った通りに儲かれば、年間240万円もの利益を削減できるので、節税に大きく貢献することになります。思ったように儲からなければ、年の途中で掛け金を減額すればいいのです。

たとえば、掛け金を20万円に設定していてもその年の業績が思わしくなければ半期に掛け金を10万円に減額すればいいのです。

このように利益調整としては、まさにうってつけのアイテムと言えるでしょう。

Q 掛け金は年一括払いはできますか?

A できます。

しかも一年分の前払いもでき、払ったときの事業年度の経費に入れることができます。

たとえば、決算期近くになって、今年は意外に利益が出ていることがわかった、しかし、節税策を施そうにも時間がない、というような場合、この経営セーフティ共済に、月額20万円で加入し、一年分前払いをすれば、実に240万円もの利益を一気に消すことができるのです。

Q 掛け金はいつ戻ってくるのですか？　どういう形で戻ってくるのですか？

A 掛け金は、もし不測の事態が起こらなかった場合、40か月以上加入していれば全額解約金として返してもらうこともできます。

Q 途中で解約はできますか？

A 40か月未満でも解約してもらえますが、返還率は若干悪くなります。

　また積立金の95％までは、不測の事態が起こらなくても借り入れることができます。この場合は利子がつきますが、それでも1・5％という低率です。なので、運転資金が足りないときには、この積立金を借りることができます。

Q すごく有利な共済ですが取扱機関は安全なところなのですか？

A 経営セーフティ共済は、国が全額出資している独立行政法人「中小企業基盤整備機構」が運営しているので、この機関自体がつぶれる心配もありません。

Q 経営セーフティ共済はどこに行けば加入できますか？

A 加入の申し込みや問い合わせは、金融機関の本支店・商工会連合会・市町村の商工会・商工会議所・中小企業団体中央会などです。詳しい内容が知りたければ「経営セーフティ共済」で、検索すればサイトが出てきます。

Q 経営セーフティ共済は個人事業者も加入できますか？

A できます。
個人事業者も対象になっています。

Q 経営セーフティ共済に加入するための条件は何ですか？

A 一年以上継続して営業している一定の規模以下の中小企業です。詳しい条件等は、次を参照してください。

中小企業倒産防止共済（経営セーフティ共済）制度の概要

●加入資格

・1年以上事業を行っている企業。
・従業員300人以下または資本金3億円以下の製造業、建設業、運輸業その他の業種の会社及び個人。
・従業員100人以下または資本金1億円以下の卸売業の会社及び個人。
・従業員100人以下または資本金5千万円以下のサービス業の会社及び個人。
・従業員50人以下または資本金5千万円以下の小売業の会社及び個人。
・ほかに企業組合、協業組合など。

●掛け金

・毎月の掛け金は、5千円から20万円までの範囲内（5千円単位）で自由に選択できる。
・加入後、増・減額ができる（ただし、減額する場合は一定の要件が必要）。
・掛け金は、総額が800万円になるまで積み立てることができる。
・掛け金は、税法上損金（法人）、または必要経費（個人）に算入できる。

●貸付となる条件

加入後6か月以上経過して、取引先事業者が倒産し、売掛金債権等について回収が困難となった場合。

●貸付金額

掛け金総額の10倍に相当する額か、回収が困難となった売掛金債権等の額のいずれか少ない額（一共済契約者当たりの貸付残高が3千200万円を超えない範囲）。

●**貸付期間**

5年（据置期間6か月を含む）の毎月均等償還。

●**貸付条件**

無担保・無保証人・無利子（但し、貸付けを受けた共済金額の10分の1に相当する額は、掛け金総額から控除される）。

●**一時貸付金の貸付け**

加入者は取引先事業者に倒産の事態が生じない場合でも、解約手当金の範囲内で臨時に必要な事業資金の貸付けが受けられる。

●**加入の申込先、問い合わせ先**

金融機関の本支店・商工会連合会・市町村の商工会・商工会議所・中小企業団体中央会など。

中小企業基盤整備機構（経営セーフティネット問い合わせ先）

https://www.smrj.go.jp

節税しながら退職金を積み立てる「小規模企業共済」とは？

［対象］
中小企業
個人事業全般

Q **中小企業は「小規模企業共済」という共済に入れば節税しながら経営者や役員の退職金を積み立てられるそうですが、これはどういうものなのですか？**

A 「小規模企業共済」というのは、小規模企業（法人や個人事業）の経営者の退職金代わりに設けられている共済制度です。毎月、お金を積み立てて、自分が引退するときや事業をやめるときに、通常の預金利子よりも有利な利率で受け取ることが出来るものです。

中小法人の経営者や役員、自営業者、フリーランサーも加入できます。

会社の場合は、会社そのものが加入することはできませんが、経営者や役員が個人で加入することになります。

Q　なぜ「小規模企業共済」は節税になるのですか？

A　この小規模企業共済は、個人事業者の場合は「経営セーフティ共済」と同様に掛け金の全額を所得から控除できます。

「法人」の場合は、会社の経費で落とすことはできませんが、加入している経営者や役員の所得から控除することができます。

また小規模企業共済も、前納することができる上に、一年以内分の前納額は全額が支払った年の所得控除とすることができます。

さらに共済金を受け取った場合は、税制上、公的年金と同じ扱いとなり、ここでも優遇されています。

Q　小規模企業共済の掛け金はどの程度ですか？　またどういう掛け方があるのですか？

A　月に千円から7万円まで掛けることができます。

掛け金は自由に増減できます。

だから年末に月々7万円の掛け金で加入し、一年分前納すれば、84万円もの所得を年末に一気に減らすことができるのです。

Q 小規模企業共済にデメリットはありますか？

A 小規模企業共済の難点は、掛け金を受け取るための条件がいろいろあるということです。小規模企業共済で掛けたお金は、その事業をやめたときに受け取ることができるという建前になっています。だから原則としては退職したときや廃業したときにしか掛け金はもらえないことになっているのです。

途中解約もできますが、その場合、給付額は若干少なくなります。

しかし、個人事業者が事業を法人化したときにも、「個人事業を廃業した」ということになり、掛け金を受け取れます。だから法人化への資金として貯蓄する場合にも使えます。

また掛け金の7割程度を限度にした貸付制度もあるので、運転資金が足りないときには活用できます。

小規模企業共済の条件等

●加入資格

従業員が20人（商業とサービス業では5人）以下の個人事業主と会社等の役員など。

●掛け金

千円から7万円までの範囲内（500円単位）で自由に選べる。

加入後、掛け金の増額、減額ができる（減額の場合、一定の要件が必要）。また業績が悪くて掛け金を納めることができない場合は、「掛け止め」もできる。

●共済金の受け取り

事業をやめたとき、会社の場合は役員をやめたとき、など。

●加入の申込先、問い合わせ先

経営セーフティ共済と同じ。

個人、会社が節税しながら退職金を積み立てできる「中小企業退職金共済」

［対象］
中小企業
個人事業全般

Q 「中小企業退職金共済」に入れば、節税しながら退職金を積み立てできると聞きましたが、これはどういうことなんですか？

A 中小企業退職金共済とは、中小企業がこの共済に毎月いくらかを積み立てて、それを従業員が退職したときに退職金として支払うという制度です。

この中小企業退職金共済のどこが節税になるかというと、積み立てた金額が、全額損金にできることです。

また中小企業退職金共済には、国からの若干の助成があります。つまり、積み立てた額に、国が若干の上乗せをしてくれるのです。単なる退職積立金と考えても、有利な制度です。

Q 退職金は会社が自分で積み立てておくことはできないのですか？

A 会社が自分で積み立てることもできますが、その積立金は経費として差し引くことができません。現在、日本の税法では、退職金のための引当金は認められていないのです。退職したときに、従業員に退職金を払うように就業規則で決められている企業、退職金の支払い慣習がある企業の場合は、従業員に対して退職金の支払い義務が生じます。退職金は、企業にとって潜在的な債務と言えるのです。

しかし企業が退職金のためにお金を積み立てても、それは会計上損金にできません。つまり、企業は従業員の退職金を払う債務を負いながら、それを損金として積み立てておくことができないのです。税金を払った後の利益部分を積み立てるしかないのです。これは企業にとっては、痛いことであり、日本の税制上の欠陥だとも言えます。

Q 中小企業退職金共済に加入すれば、どういう形で退職金を積み立てることができるのですか？

A 社員一人当たりに毎月いくらかずつ積み立てるという形になります。

たとえば、中小企業退職金共済を使って一人当たり月3万円を積み立てていたとします。これは会社の経費に計上することができますので、毎年社員一人当たり36万円の損金（経費）計上ができます。20年後には利子も含めるとだいたい800万円に、30年後には1千200万円くらいになっているのです。それだけの備えがあれば、社員が退職したときに慌てなくてすむでしょう。

Q 中小企業退職金共済は前納などはできますか？　前納が可能な場合、税法上の取り扱いはどうなりますか？

A 中小企業退職金共済は、一年分の前納が可能です。

また前納した場合は、前納金の全額を前納した事業年度の経費に計上できます。だから期末に一年間前納すれば、期末になってからの節税策ともなります（ただし、一度前納すれば、その後もずっと前納しなければなりません）。

Q 中小企業退職金共済は、社員の一部の分だけを積み立てることは可能ですか？

A 原則として、全従業員に掛けなければなりません。

Q 経営者の退職金を積み立てることもできますか？

A 残念ながら経営者の退職金を積み立てることはできません。経営者や役員、家族従業員は、加入することができないので、経営者の資産形成のためには使えません。経営者や役員などの退職金の積み立てには、前にご紹介した「小規模企業共済」などを利用してください。

中小企業退職金共済の加入条件

●**加入資格**
資本金5千万円以下（製造業、建設業は3億円以下、卸売業は1億円以下）の企業であれば、どこでも加入できる。

●掛け金

従業員一人当たり月5千円から3万円までであり、その間の増額は自由にできる（ただし減額は、理由が必要）。特例としてパートタイマーなどには、一人当たり月2千円から4千円の掛け金もある。

●解約条件

全従業員が解約を認めたとき、もしくは厚生労働大臣が掛け金を払い続ける状態ではないと認めたとき。

●中小企業退職金共済事業本部

〒170−8055

東京都豊島区東池袋1−24−1　16階

電話03−6907−1234

期末にできる節税対策 その1

保険料などは一年分前払いすれば全額経費に計上できる

［対象］ 会社全般
個人事業全般

Q 保険料などは、一年分前払いしたりすることが多いですが、この場合、経費として計上する期間はどうすればいいですか？

A 保険料などを前払いをしたときには、本来はその事業年度に該当する期間だけを経費として計上し、前払いになっている分は、「前払い経費」として資産に計上しなければなりません。

しかし、一定の条件をクリアしていれば、前払いした全額を払った年の経費に計上することができます。

たとえば、家賃20万円の事務所を借りている、3月決算の会社があったとします。この会社が、3月31日に、翌年の2月分までの家賃一年分前払いしたとします。すると、この前払い家賃240万円が、その期の経費に計上できるのです。

家賃、火災保険料、信用保証料などは、多くの会社が日常的に払っているものです。そして、その金額は年間にするとけっこう大きなものです。

しかも、これらの費用は、いずれ必ず払わなくてはならないものです。前払いをして損はしないのです。期末ギリギリになって税金を減らしたいときには、もっとも現実的で、手間の要らない節税策といえるでしょう。

Q 一定の条件とは何ですか?

A まずは年払いの契約になっていることです。本来は月払いの契約になっていて、期末だけ特例的に年払いにしてもダメだということです。ただし、期末までに年払いの契約に変更すれば、大丈夫です。

またこの方法では、一年以上の前払いは経費としては認められません。

もし、一年以上の前払いをしていれば、単に1か月分のみの経費としかできないので要注意です。たとえば、14か月分の前払いをした場合は、12か月分だけ損金として計上できるのではなく、前払いした分全部が損金計上不可になるのです（期末当月分の家賃のみ損金計上できます）。

Q どういう経費であれば、前払いしたときに一括して経費に計上できますか？

A 営業費のうちいくつかの勘定科目では、一年分前払いした場合、それが全額、今期の損金（経費）に計上できるというものがあります。

この一年分の前払いが、期末にできるもっとも手っ取り早い節税策だといえます。

どういう勘定科目が該当するかというと、継続的に定額で支払わなければならないサービスなどです。

具体的には、家賃、火災保険料、信用保証料などです。これらの経費を一年分前払いすれば、全額を払った日付で損金（経費）に計上できるのです。

Q 決算期が来た後に、前払いをしても大丈夫ですか？

A それはダメです。

決算期後にこの操作をしても、前払いとは認められないので、くれぐれも決算期前までに行ってください。

支払いも決算期前までに終えていなければなりません。前払いの契約だけしておいて、入金は決算期の後になっていると、決算期内の損金（経費）計上は認められません。

Q 業績がいいときは一年分前払いをして一括して経費に計上し、業績が悪いときには月払いに切り替えるということはできますか？

A 一度この会計処理をすれば、原則として毎年同じ会計処理を行わなくてはなりません。つまり家賃を一年分期末に前払いすれば、翌事業年度も期末に一年分前払いしなければならないのです。

儲かった年だけ前払いし、儲からなかった年は前払いしない、ということは認められないのです。

しかし、まっとうな理由があれば、月払いに変更することも可能です。たとえば、資金繰りが苦しくなって、一年分払うことができなくなった、などです。その場合は、本当に財務状況が苦しくなっていなければなりません。

前払い費用を損金にする条件

●年払いの契約になっていること

・12か月以内の前払いであること
・毎年、その契約を続けていること
・必ず決算期内に支払いを終えていること

●具体例

・家賃
・保険料
・信用保証料など

期末にできる節税対策 その2

債権放棄をせずに不良債権を経費計上する

［対象］
会社全般
個人事業全般

Q わが社では、返済される可能性が非常に低い売掛金がいくつかあります。債権放棄まではしたくないのですが、この売掛金を特別損失などで経費として計上することができないでしょうか？

A できます。

事業をある程度、継続してやっていると、事実上、回収不能になっている売掛金や貸金というものが生じることがあります。いわゆる「不良債権」です。

この不良債権を処理すると節税になります。

儲かっているとき、税金が多くかかりそうな年にこそ、不良債権は処理されるべきなのです。

具体的にいえば、売掛金や貸付金の中で、もうほとんど回収の見込みのないものがあれば、それを貸し倒れ処理して、特別損失を計上するのです。

回収の見込みのない債権を貸し倒れ計上するには、債務者が債務超過に陥っていたり、会社更生法の適用を受けていたり、などの要件が必要です。

しかし、中小企業の場合は、相手先の決算書を取り寄せるのは難しいですし、会社更生法の適用などを受けている会社も少ないものです。

そこで、法人税法の基本通達では、一定の要件を満たす、事実上、回収不能となった債権については、貸し倒れ損失が計上できることになっています。

一定の要件というのは、「売掛金などの返済が滞って、取引を停止した相手が、一年以上、弁済をしていない場合」です（ただし担保がある場合は除きます）。

この場合、備忘価額を計上し、その残額を貸し倒れ処理することになります。備忘価額というのは、債権を持っているということを忘れないために、帳簿に記しておく金額で、一円でいいことになっています。

期末にできる節税対策 その3

売れなくなった商品を損切りしたい

［対象］
会社全般
個人事業全般

Q うちは服の小売店をしているのですが、もう売れなくなった商品がけっこうあります。捨てるにはもったいないのですが、在庫として残っている金額と、実際の価値が開きすぎており、どうにか「損切り」できないものかと思っています。
損切りするような方法はありますか？

A あります。

在庫商品は、一定の条件をクリアしていれば、在庫価額を引き下げることができるのです。

在庫商品や在庫原料などの現実の価値が、帳簿上の価値よりも明らかに下落している場合には、その差額を「損」として計上できるのです。

評価損が計上できる主な条件は次のとおりです。

・いわゆる季節商品が売れ残ったもので、これまでの値段では販売できないことが実績などから明らかなもの
・新しい商品が販売されたために、型落ち、流行おくれとなって、これまでの販売ができなくなったもの
・型崩れ、たなざらし、破損などで商品価値が劣化したもの

Q　この条件に該当するかどうかは、何を基準に判断すればいいのですか？

A　これらの条件には、実はいずれも明確な基準がありません。

国税庁の通達では、「単なる過剰生産、建値の変更だけでは評価損は計上できない」とされていますが、ではどの程度で「単なる過剰生産、建値の変更」を超えるのか、という線引きについては明示していません。

となると、こういう場合の経理処理は、納税者側がまず判断し、その判断が明確に間違

っているときにのみ、国税側が指導修正するということになります。

なので、納税者側は最初から遠慮する必要はないのです。過去の実績から見て、季節はずれなどで明らかに今までの値段では販売できないような場合は、積極的にこの棚卸評価損を試みるべきだと筆者は思います。

国税側がこれを修正する場合は、よほど明確な証拠がなければできないものです。だから、納税者側は、自分で条件に合致していると思えば、どんどんこの方法を使うべきだと言えます。

研究開発費は節税アイテムの裏番長

［対象］青色申告の会社

Q **経費を増やすアイテムとして、「研究開発費」というものがあると聞いたのですが、これはどういうものですか？**

A 研究開発費というのは、新しい商品の開発や新しい事業、新しい顧客を開拓するために使われる費用のことです。

青色申告の会社では、少しでも事業に関わるものであれば、経費にすることができます。

そして、「事業に関わる」ということは、「直接関わること」だけではないのです。

間接的に事業に関わることでも、経費にすることはできるのです。

Q **それは研究室や実験場などをつくって商品のテストをする、シンクタンクなどを使ってマーケティングをするというような感じでしょうか？**

A いいえ、決してそう大げさなものばかりではありません。

大企業が巨額の費用をかけて研究実験したり、シンクタンクを使ってリサーチすることも、確かに研究開発ではありますが、それだけではありません。

商店街をうろついてみたり、新商品のヒントになりそうな物を購入してみたりすることも、十分、研究開発費になります。

仕事のヒントになるような、製品化のヒントとなるような、ちょっとしたことへの支出なども研究開発費になるのです。

たとえばマーケティングのヒントなどとして、若者向けの雑誌を購入したとします。これも、研究開発費としてまったくおかしくはないのです。それと同様に、いろんな商品を購入したり、いろんなサービスを受けることによって、新しい事業のヒントを探す、そういうのも研究開発費として計上することができるのです。

この研究開発費をうまく使えば、節税の範囲がぐっと広がります。というより、世の中のあらゆる支出は、研究開発費に計上できる可能性があるのです。

Q それは、今の事業とは関係ないものでも大丈夫ですか？

A 大丈夫です。

今、現在の業務とは関係のない分野であっても、研究開発費は計上することができます。

今の事業とまったく関係のない事業を始めるということは、事業家にとってはよくあることです。そして新しい事業を始める場合は、当然のことながら事前準備が必要になります。

そういう新しい事業の準備のための費用も、研究開発費として計上できるのです。

だから、「今はやっていないけれど、将来こういう事業を始めたい」と思っている場合、その新しい事業の下調べ的な費用は、すべて研究開発費にできるのです。

社員ゼロでもOK
おいしい「旅費規程」をつくれ

［対象］
会社全般

Q 旅費規定というものをつくれば、旅費を使って大幅な節税ができると聞いたのですが、旅費規定とは何ですか？

A 旅費規程というのは、社員（役員も含む）が出張など会社の要件で旅行した場合に、旅費を支払う規定のことです。

交通機関の普通運賃などを基準にして、出張先ごとの交通費や宿泊費などをあらかじめ規定しておけば、実際にいくらかかったかに関わらず、その規定の旅費を支給することができるのです。

たとえば、東京から福岡への一泊の出張の場合、ANAなどの普通運賃を基準にして、交通費を8万円、宿泊費を2万円、日当4千円、食卓費3千円と規定しておきます。そうすれば、実際にいくらお金がかかっていようが、この合計額の10万7千円を旅費として支給することができるのです。

Q もし、もう少し安い出資になったとしても（たとえば6万円くらい）、10万7千円を支給できるのですか？

A そうです。

Q 領収書は必要ないのですか？

A 基本的に出張旅行をしたという事実さえあれば領収書は必要ありません。

Q なぜそういうおいしい制度があるのですか？

A 出張の多い企業などでは、旅費の計算が煩雑になるため、あらかじめ規定を決めておいてその通りに支給すれば、いちいち計算しなくてもいいということになっているのです、建前の上では。

Q **「建前の上では」というと?**

A 実際は、この旅費規定はそもそも官庁がこのルールを重用しているのです。旅費規定と実際の運賃との差額を「小遣い」にするというわけです。官庁がやっていることなので、企業にも認めざるを得ないというわけです。

Q **税務署もそれをやっているのですか?**

A ノーコメントとさせてください。

旅費規程をつくれば出張中の食事代や小遣いも支給できる

［対象］
会社全般

Q **旅費規定にある「食卓費」「日当」というのは何ですか？**

A 日当というのは、旅行中に使った様々な経費を賄うための費用です。ざっくり言えば旅行中の小遣いです。使おうが使うまいが規定の額がもらえます。

食卓費というのは、食事代その他の費用のことです。出張して宿泊すれば、日常よりも余計に食費がかかってしまうものなので、それを支給するということです。これも、実際にはこの金額がかかっていなくても、規定の金額がもらえるのです。

Q **旅費規程をつくれば、出張中の小遣いや食事代も支給できるのですか？**

A そういうことです。

旅費規定はどうやってつくればいいか？

［対象］会社全般

Q その旅費規定はどうやってつくればいいのですか？

A 旅費規定は、別にそう難しく考えることはありません。

通常の普通運賃を基準にして、どこからどこまではいくらというように定めておけばいいのです。

たとえば、東京（羽田）から大阪（伊丹空港）までの航空機（全日空）の普通運賃は、だいたい2万9千円程度です。

往復で、5万8千円程度です。

これを基準運賃にすればいいのです。

そういう感じで、出張に行く他の場所での基準運賃をどんどん決めていきます。

それを旅費規定に記しておけばいいのです。

そして、一泊の宿泊費なども定めておきます。たとえば、ビジネスホテルの一泊の宿泊料はだいたい1万円前後なので、1万円と定めておきます。そして日当は6千円、食卓費は3千円などと定めます。

それも旅費規定に記しておくのです。

たとえば、大阪に一泊で出張した場合は、この旅費規定で言うならば、交通費が5千7340円、宿泊費が1万円で、日当が6千円、食卓費が3千円、合計6千7340円になります。

このお金を旅費として支給すればいいのです。

Q　役員も従業員も同じ額にしなければなりませんか？
たとえば、役員の飛行機はビジネスクラスにするようなことはできませんか？

A　できます。

会社の業務での旅行費用なので、社会一般的にあるような役員と従業員の区分は行ってかまいません。

福利厚生費のように、すべてを平等にしておく必要はないのです。

Q 旅費規定には何か書式はありますか？

A 旅費規定をつくるには、特別な書式などはありません。

各地に出張したときの基準運賃などを記した、普通の表をつくればいいだけです。

だれでもすぐつくれます。

Q 作成した旅費規程は税務署に提出しなくてはなりませんか？

A いいえ。税務署への提出の義務はありません。

税理士に頼んでいる事業者は、税理士には見せておいたほうがいいでしょう。

以下に旅費規程の具体例を掲載しておきます。

この旅費規定は、公務員の旅費規定を参考につくっていますので、ごく一般的なものだといえます。

	役員	管理職	一般
宿泊費	１５０００円	１００００円	８０００円
宿泊費（都心部）	２００００円	１５０００円	１００００円
日当	６０００円	５０００円	４０００円
日当（半日）	３０００円	２５００円	２０００円
宿泊食卓費	３０００円	２０００円	１５００円
鉄道等	グリーン車	普通車指定席	普通車指定席
航空機	ビジネス	エコノミー	エコノミー

＊鉄道はＪＲ、各私鉄の普通運賃とする。航空機は日航、ＡＮＡの普通航空券とする。

地方に住む親へ仕送りをして節税

［対象］
あらゆる人

Q 私には、地方に住む両親がおります。両親は年金生活をしていますが、年金だけではかなり厳しいために親に仕送りをしています。

この仕送りのお金は経費で落とすことができますか？

A 事業の経費で落とすことはできませんが、個人の所得税、住民税で控除を受けられる可能性はあります。

個人の所得税、住民税には「扶養控除」という控除が認められています。扶養控除というのは、家族、親族などを扶養したときに受けられる控除のことです。

所得税では扶養している親族一人当たり38万円を、住民税では33万円を所得から控除できます（扶養親族の年齢により若干の上乗せがあります）。

38万円の所得控除というとけっこう大きいです。

所得税率が10％の人の場合は、扶養控除一人につき3万8千円の節税になります。これに住民税の分が加わりますので、合計7万1千円の節税になります。所得税率20％の人ならば、11万円程度の節税になります。

Q 私は親と別居していますが、大丈夫ですか？

A 一定の要件を満たしていれば、別居していても大丈夫です。

世間では、扶養控除というと「同居している家族のみが対象になる」と思っている人も多いようですが、実はそうではないのです。

離れて暮らしていても、一定の要件を満たしていれば扶養家族とすることができます。

というのも扶養控除には、わざわざ「同居老親等」という特別枠が設けられています。

「同居老親等」というのは、70歳以上の親と同居している場合は、普通の扶養控除よりも20万円上乗せの扶養控除を認める、という制度です。

「扶養控除では同居老親に上乗せ額がある」ということは、逆に言えば別居していても扶養に入れることができるというわけです。

別居している親を自分の扶養に入れている人はいくらでもいますし、税務署がそれをとがめることもほとんどありません。

というより、税務署員自体が、この扶養控除を最大限に活用しています。税務署員の周囲に、だれの扶養にも入っていない親族がいれば、自分の扶養に入れてしまっているケースは非常に多いのです。

一定の要件というのは、

「扶養する相手の収入が基礎控除以下であること」

「扶養していること」

「生計を一にしていること」

です。

Q 「扶養する相手の収入が基礎控除以下であること」とはどういうことですか?

A 所得税には48万円の基礎控除というものがあります。この基礎控除以下であれば、所得税はかかりません。この所得税がかからない相手であれば扶養することができます。

Q **私の親は年金収入がおそらく48万円以上あるので、扶養には入れられないようです。**

A 年金収入があっても、税法上の定義で扶養控除に入れられるケースも多々あります。

公的年金の場合、公的年金自体に大きな控除があるのです。この控除額以内の年金収入であれば、収入はゼロということになるのです。

この公的年金の控除額は、65歳以上の人であれば110万円、65歳未満の方の場合は、60万円です。

これに基礎控除が加わりますので、65歳以上の人は、公的年金収入が158万円まで、65歳未満の人は108万円までは所得ゼロということになるのです。

また両親のうち、どちらかは死去して、遺族年金をもらっている場合、遺族年金は税法上の所得としてはカウントされませんので、遺族年金はいくらもらっていても、無収入ということになるのです。父親が先に亡くなって、母親は遺族年金で暮らしている、というようなケースはよくありますが、この場合も、扶養控除に入れられる可能性があります。

そして所得ゼロであれば、扶養に入れることができるのです。

Q 両親は合わせて250万円くらいの年金をもらっています。二人とも65歳以上です。扶養に入れられますか？

A 入れられる可能性はあります。

先ほど述べた公的年金での控除額は一人当たりの額です。

だから、ご両親、それぞれの公的年金が158万円以下であれば、扶養に入れることができるのです。

Q 「扶養していること」「生計を一にしていること」とはどういうことですか？

A 「扶養していること」「生計を一にしていること」というのは、税法上、具体的な定義はありません。「金銭的にいくら以上、援助していれば扶養していること」などという縛りはないのです。

だから、世間一般的に「面倒を見ている」「金銭関係の責任を持っている」ということであれば、扶養しているということとしていいのです。

自分の両親が無収入で、だれの扶養にも入っていないのであれば、自分の扶養に入れて控除を受けることが可能なのです。

扶養対象者に多少の援助をしていて、いざというときに面倒を見なければならない立場であれば、充分に扶養控除に入れる資格はあると言えるのです。

たとえば、親は老人ホームに入っていて、入所料はほぼ年金で賄えるけれど、親のお金の管理はすべて自分が行い、年金で足りない分を補っている。そういう場合も、親を扶養に入れる資格は十分にあると言えます。

Q 私には弟がおり、弟も親に少し仕送りをしているようです。この場合、弟も親を扶養に入れることができるのですか？

A できません。

一人の被扶養者に対して、扶養控除を使えるのは一人だけです。だから、このケースの場合も、扶養控除を使えるのは兄弟のうちのだれか一人だけ、ということになります。

弟さんと話し合い、どちらが親の金銭の責任を持ち、扶養控除に入れるかを決めてください。

事業者にとって税理士は重要

［対象］
事業者全般

Q 事業の規模が大きくなったので経理を税理士に頼もうと思っています。税理士は資格を持っている人であればだれでも構いませんか？

A いいえ。

税理士というのは、その技能の差が非常に大きい職種です。税理士は、税法をたくさん知っておかなければならない上に、税務署の職員との交渉能力、書類の作成などを素早くこなす事務処理能力が求められます。

また税理士に依頼すると、事業の内部事情や取引関係などの重要な情報をゆだねることになります。だからよほど信頼のおける人じゃないとなりません。

しかし、税理士の良しあしというのは、なかなかわかりづらいのです。

税理士は、いい税理士とダメな税理士の区別はなかなかつきません。以前は税理士はまったく広告ができませんでした。現在は、一応、広告は許されていますが、広告をしているような税理士はそれほど多くはありません。

また税理士を頼むときに、知り合いに税理士がいるからといって、その人に頼んでしまうケースが非常に多いようです。これはとても愚かなことだと言えます。悪い税理士にあたる可能性が高い上に、なかなか変えづらいからです。

Q いい税理士はどうやって探せばいいですか？

A インターネットで調べたり、地域の税理士会に相談するという方法もあります。が、税理士を選ぶ際には、事前に必ず税理士事務所に行き、税理士にいろいろ聞くべきです。もし、税理士が質問に答えるのを渋るようであれば、そういう税理士には頼まないことです。

そして、税理士と会った際には、最低でも次の7項目はチェックしておきましょう。

①地元かどうか

基本的に税理士は地元のほうがいいのです。税理士は、納税者と税務署とのパイプ役でもあり、地元の税理士であれば、税理士会などを通じて管轄の税務署と付き合いがあるからです。

②国税OB税理士か、試験突破税理士か

税理士には、国税OB税理士と試験に受かってなった税理士がいます。国税OB税理士は、税務署とのパイプは持っていますが、実務能力に劣っている傾向があります。試験突破税理士はその逆の傾向があります。

③国税OB税理士の場合、国税での最終的な地位と所属していた畑を確認

国税OB税理士の場合、幹部のほうが影響力がありますので、なるべくなら偉かった人のほうがいいのです。

そして「所属していた畑」というのは、前述した国税職員が現役のときについていた税務の部署のことです。個人事業者であれば元個人課税部門の人に、会社経営者であれば元法人課税部門の人に依頼したほうがいいでしょう。

④試験突破税理士の場合、独立前の修業期間

試験突破税理士の場合、試験に受かっただけで税理士の仕事がすぐにできるわけではないので、修業する期間が必要です。この期間がある程度ないと、税理士としてはあまり能力があるとは言えません。

税理士業の経験年数、事務所を独立してからの経験年数は、もちろん長いに越したことはありません。ただあまり長いと、年齢的に問題が出てくるかもしれません。

⑤事務所の人数、顧客の数

事務所は大きいに越したことはありません。なるべくなら税理士が複数いる中規模以上の事務所を選びましょう。

また顧客も多いに越したことはありません。だいたい税理士1人につき50人以上の顧客がいれば、いい税理士ということが言えるでしょう。

●わからないときは、地元で一番大きい事務所に依頼する

いくつか税理士の探し方をお話ししてきましたが、自分がどんな税理士を求めればいいのか、よくわからない場合は、地元で一番大きな税理士事務所に依頼するのが無難です。

一般的には大きな税理士事務所のほうが安心できます。大きな税理士事務所では、スタ

ッフも充実しており、試験突破税理士と、国税OB税理士の両方がいることが多いのです。

そういう事務所では、普段は、試験突破税理士が経理指導などをしてくれ、税務調査があったときにはOB税理士が出てくる、というようになっています。

また大きな税理士事務所の税理士は、税理士会でも要職を占めていたりするので、税務署に対する発言力も大きいのです。

個人事業者の申告相談をしてくれる青色申告会とは？

［対象］
青色申告の個人事業

Q 私は個人事業者なので税理士に頼むほどのお金はありません。青色申告で申告したいのですが、何かいい方法はありませんか？

A 青色申告の記帳指導をしてくれる「青色申告会」という団体があります。

青色申告会というのは、税務署の肝いりでつくられた経営者の団体で、主に個人事業者を対象にした「青色申告」を推奨するためにつくられたものです。各地域に支部が設置されていて、各税務署の管轄内に一つは必ずあります。原則としては個人事業者しか入れませんが地域によっては法人の会員を受け入れる場合もあるようです。

青色申告会というのはどういう団体かというと、簡単に言えば税務申告初心者の集まりという感じの団体です。

青色申告会に入れば、記帳指導などが受けられる上に、青色申告会を通して申告書を提出することができます。

もちろん、青色申告会を通して申告すれば、税務署の心証は非常によくなります。

また青色申告会は、さまざまな親睦会や研修などを行っています。なので、他業種の人と交流するのにももってこいの場所だと言えます。

しかも青色申告会の会合には、税務署の職員も時々参加します。なので、税務署の人とコネをつくる機会もあると言えるでしょう。

月会費は千五百円程度なので、気軽に入れます。

ただし、この青色申告会は、税務署の肝いりでつくられたものなので、税務署寄りの団体であり、突っ込んだ節税方法などは教えてくれません。家賃を経費に入れようとしたら、

「それはダメだ」と指摘されたりするかもしれません。

「あまり突っ込んだ節税策など教えてくれなくていい」

「基本的な記帳の仕方を学びたい」

というような方には最適でしょう。

会社の記帳を指導してくれる「法人会」とは？

［対象］
会社全般

Q 私は会社を経営していますが、規模はほぼ個人事業であり、税理士に依頼するお金はありません。記帳を教えてくれるところなどはありませんか？

A 法人会という団体があります。法人会も、青色申告会と同様に、適正な税務申告を広めることを目的に、税務署の肝いりでつくられた団体です。

この法人会も青色申告会同様に、突っ込んで節税方法などは教えてくれませんが、基本的な記帳や税務は教えてくれます。青色申告会と同様に、親睦会、研修会などもあります。会費は資本金1千万円の会社でおおむね月額千円程度で、資本金に応じて増額されます。

大村大次郎（おおむら・おおじろう）
元国税調査官。国税局に10年間、主に法人税担当調査官として勤務。退職後、ビジネス関連を中心としたフリーライターとなる。単行本執筆、雑誌寄稿、ラジオ出演、『マルサ!!』（フジテレビ系）や『ナサケの女』（テレビ朝日系）の監修等で活躍している。ベストセラーとなった『あらゆる領収書は経費で落とせる』（中公新書ラクレ）をはじめ、税金・会計関連の著書多数。
一方、学生のころよりお金や経済の歴史研究を続けており、『脱税の世界史』（宝島社）など「歴史を経済で読み解く」ジャンルの本も多く執筆し、好評を博している。YouTubeで「大村大次郎チャンネル」配信中。

編集協力：小野瑛里子
カバーデザイン：藤牧朝子
本文デザイン：川瀬 誠
本文DTP：G-clef

増補改訂新版 ズバリ回答！
どんな領収書でも経費で落とす方法

2024年1月5日　第1刷発行

著　者　大村大次郎
発行人　蓮見清一
発行所　株式会社宝島社
〒102-8388
東京都千代田区一番町25番地
電話　営業　03-3234-4621
編集　03-3239-0927
https://tkj.jp
印刷・製本　サンケイ総合印刷株式会社

ISBN 978-4-299-04986-5